Elasticsearch 集成
Hadoop 最佳实践

[美] Vishal Shukla 著

贾传青 译

清华大学出版社
北京

内容简介

ElasticSearch是一个开源的分布式搜索引擎,具有高可靠性,支持非常多的企业级搜索用例。Elasticsearch Hadoop作为一个完美的工具,用来连接 Elasticsearch 和 Hadoop 的生态系统。通过Kibana技术,Elasticsearch Hadoop很容易从Hadoop 生态系统中获得大数据分析的结果。

本书全面介绍Elasticsearch Hadoop技术用于大数据分析以及数据可视化的方法。内容共分7章,包括Hadoop、Elasticsearch、 Marvel和Kibana 安装;通过编写 MapReduce 作业,把Hadoop数据导入Elasticsearch;全面分析 Elasticsearch本质,如全文本搜索分析、查询、筛选器和聚合;使用 Kibana创建各种可视化和交互式仪表板,并使用Storm和Elasticsearch分类现实世界的流数据以及相关的其他主题。

本书适合从事大数据分析人员、大数据应用开发的人员参考,也适合高等院校及培训机构相关专业的师生教学参考。

本书为美国 Packt Publishing Limited 授权出版发行的中文简体字版本。

北京市版权局著作权合同登记号 图字:01-2017-0771

本书封面贴有清华大学出版社防伪标签,无标签者不得销售。

图书在版编目(CIP)数据

Elasticsearch集成Hadoop最佳实践/(美)尔玛·舒克拉(Vishal Shukla)著;贾传青译.—北京:清华大学出版社,2017(2025.1重印)

书名原文:Elasticsearch for Hadoop

ISBN 978-7-302-46967-4

Ⅰ.①E… Ⅱ.①尔… ②贾… Ⅲ.①互联网络—信息检索 Ⅳ.①G254.928

中国版本图书馆CIP数据核字(2017)第078166号

责任编辑:夏毓彦
封面设计:王 翔
责任校对:闫秀华
责任印制:刘 菲

出版发行:清华大学出版社
     网　　址:https://www.tup.com.cn,https://www.wqxuetang.com
     地　　址:北京清华大学学研大厦A座　　邮　购:100084
     社 总 机:010-83470000　　邮　购:010-62786544
     投稿与读者服务:010-62776969,c-service@tup.tsinghua.edu.cn
     质 量 反 馈:010-62772015,zhiliang@tup.tsinghua.edu.cn
印 装 者:涿州汇美亿浓印刷有限公司
经　销:全国新华书店
开　本:185mm×230mm　　印　张:13　　字　数:333千字
版　次:2017年6月第1版　　印　次:2025年1月第2次印刷
印　数:3001~3500
定　价:69.00元

产品编号:070289-02

有关人员

作者
Vishal Shukla

审稿
Vincent Behar
Elias Abou Haydar
Yi Wang

组稿编辑
Vivek Anantharaman
Larissa Pinto

内容开发编辑
Pooja Mhapsekar

技术编辑
Siddhesh Ghadi

文字编辑
Relin Hedly

项目协调
Suzanne Coutinho

校对
Safis Editing

图片
Disha Haria

生产协调
Nilesh R. Mohite

封面
Nilesh R. Mohite

关于作者

Vishal Shukla是Brevitaz系统（http://brevitaz.com）的CEO，一名真诚的技术传道者。他是一位充满激情的软件科学家，同时也是一名大数据专家。Vishal在设计模块化企业系统方面拥有丰富的经验，自从大学时代到编写本书时已经过去了11年，Vishal都一直很喜欢基于JVM的代码开发。他也信奉设计思想和可持续软件开发，在各个行业都拥有丰富的企业系统架构经验。他还热衷于大数据工程、分析及机器学习等技术。

Vishal创办了Brevitaz系统，该公司为全球客户提供大规模可扩展可持续的大数据方案及面向分析的企业应用开发。依靠专业的大数据架构及大数据技术能力，Brevitaz团队对用户原有系统重新设计开发，将其改造成可扩展的最先进的系统。为了给用户提供高质量的产品，Brevitaz把Scrum、测试驱动开发、持续集成及持续交付等敏捷实践吸纳进自己的文化中。

他是一位音乐及艺术爱好者。他喜欢唱歌、乐器、画画等，在空闲时间他喜欢玩板球、乒乓球、游泳等运动。

读者可以通过vishal.shukla@brevitaz.com或者链接到https://in.linkedin.com/in/vishalshu联系Vishal，也可以关注Vishal的Twitter @vishal1shukla2。

致谢

　　由于撰写本书总是要在公司加班到深夜，在此我要特别感谢我亲爱的妻子Sweta Bhatt　Shukla和我即将出生的宝贝。妻子从不抱怨我没有时间陪她，一直鼓励我完成本书。我衷心感谢我的妹妹Krishna Meet Bhavesh Shah和Arpit Panchal，她们在本书的细节上进行了详细的检查，提出了很多宝贵的意见，给予了我很多帮助。另外，也要衷心感谢我的兄弟、偶像Pranav Shukla以及我的家人和朋友对我的支持和指导。

　　我还要感谢我的导师和同事们，是他们的帮助和影响才成就了今天的我。虽然每个人对我的帮助都不可或缺，可能我也无法一一列举，但是我还是要特别感谢Thomas Hirsch、Sven Boeckelmann、Abhay Chrungoo、Nikunj Parmar、Kuntal Shah、Vinit Yadav、Kruti Shukla、Brett Connor和Lovato Claiton。

关于审稿

Vincent Behar是一位充满激情的软件开发人员。他所在公司的搜索引擎索引了160亿的网页。在这样的大数据环境中，他所使用的工具包括Hadoop、MapReduce和Cascading。在公司的ELK环境中，他们使用大规模的Elasticsearch多租户集群来完成索引和搜索需求。因此，下一步他们打算将这两类技术进行集成，未来也会考虑将Elasticsearch与Spark进行集成。

Elias Abou Haydar是巴黎iGraal的数据科学家。他拥有巴黎狄德罗大学计算机科学的硕士学位，在硕士期间主要的方向是分布式系统和算法。作为LIAFA、CNRS的研究员，他主要是为图像分割应用研究分布式图算法。在实习期间他发现了Elasticsearch并且深深地爱上了这一技术。

Yi Wang目前是数据分析公司Trendalytics的首席软件工程师。他主要负责选定、设计并实现数据收集、数据可视化及数据分析的整个流程。他拥有北京大学的物理学硕士学位和哥伦比亚大学的计算机科学硕士学位，具有数学、化学和生物学混合学术背景。

www.PacktPub.com

支持文件、电子书、折扣优惠等

你可以访问www.PacktPub.com来获得和图书配套的文件及资源。

你知道吗？Packt为每本出版的图书提供了PDF、ePub格式的电子版，你可以到www.PacktPub.com下载最新版的电子书。同时，作为一名纸质书用户，你可以在电子书上享受折扣。如果你想了解更多信息，可以通过service@packtpub.com联系我们。

在www.PacktPub.com，你可以免费阅读技术文章，注册即可获得新闻推送，还可以收到Packt图书和电子书的独家折扣及优惠信息。

https://www2.packtpub.com/books/subscription/packtlib

你希望关于IT的问题得到即时的答案吗？PackLib是Packt在线的数字图书馆。在这里，你可以搜索、阅读到Packt所有的图书。

为什么订阅

- 可搜索所有Packt出版的图书
- 可对内容进行复制、粘贴和标记
- 可通过网页浏览器直接访问

Packt免费账户

如果你拥有www.PacktPub.com的Packt账户，就可以使用它访问PacktLib，同时还可以免费阅读9本图书。你只需要使用登录凭据直接登录即可。

前 言

在2004年到2006年期间，关于Hadoop的核心组件的讨论都是围绕MapReduce的。Hadoop天生具有分布式运算能力和水平扩展能力，这些特性使其在各个行业被广泛应用。那些超大型的组织认识到Hadoop带来的价值，包括处理TB和PB级数据、采集处理社交数据、利用廉价的商业硬件存储海量数据等。然而，大数据解决方案除了这些以外，还需要解决数据处理的实时性问题，尤其是对非结构化数据的实时性处理。

Elasticsearch是一款高效的分布式搜索及分析引擎，可以让你实时了解你的海量数据。它丰富的查询能力可以帮助你进行复杂的全文检索、基于地理位置的分析及异常检测等。Elasticsearch-Hadoop也被简称为ES-Hadoop，是Elasticsearch和Hadoop的连接器，通过它可以非常方便地在Hadoop生态系统和Elasticsearch之间进行数据交互。你也可以将流式数据从Apache Storm或者Apache Spark写入Elasticsearch进行实时分析。

本书的目标是让你获得真正的利用Hadoop和Elasticsearch的能力。我将带你一步一步地对海量数据进行数据发现和数据探索。你将学习如何将Elasticsearch与Pig、Hive、Cascading、Apache Storm和Apache Spark等Hadoop生态系统工具进行无缝集成。通过本书的学习，你可以使用Elasticsearch创建自己的分析报表。通过强大的数据分析和可视化平台Kibana，你可以对要展示的图形、大小、颜色等进行控制。

在本书中我使用了不少很有意思的数据集，通过这些数据集你将获得真实的数据探索体验。因此，你可以使用我们介绍的工具和技术非常快速地构建基于特定行业的解决方案。我衷心希望阅读本书能够给你带来有趣的学习体验。

本书主要内容

第1章 环境部署

本部分将介绍Java、Hadoop、Elasticsearch及相关插件安装部署的详细步骤。运行示例作业WordCount，将数据导入Elasticsearch，测试安装的环境是否正常运行。

第2章 初识ES-Hadoop

本部分将介绍WordCount示例程序是如何开发出来的。我们将通过解决现实世界中真实的问题来介绍Elasticsearch和Hadoop。

第3章 深入理解Elasticsearch

本部分将介绍Elasticsearch实现全文检索和分析的技术细节。通过实际的案例，你将学习到如何将数据写入Elasticsearch、在Elasticsearch中如何实现搜索，以及Elasticsearch聚集操作的API。

第4章 利用Kibana进行大数据可视化

本部分将通过真实的案例向你展示如何使用不同形状和颜色的图表来展示海量数据。另外，还演示了如何对数据进行探索，并通过动态仪表盘对数据进行可视化。

第5章 实时分析

本部分将介绍如何通过Elasticsearch和Apache Storm对流式的推文数据进行实时数据分析。我们也将了解到如何通过Elasticsearch来对数据进行挖掘以实现异常检测。

第6章 ES-Hadoop配置

本部分将介绍Elasticsearch和ES-Hadoop库如何在分布式环境中运行，以及如何为了特定的需求进行参数调整。我们还提供了一个用于生产环境部署集群的检查列表。

第7章 与Hadoop生态系统集成

本部分将介绍如何使用Elasticsearch与Pig、Hive、Cascading及Apache Spark等Hadoop生态系统技术进行集成。

附录 配置

本部分将提供ES-Hadoop各配置参数的简短说明。

学习本书的准备工作

本书大部分篇幅用于介绍具体实际案例。你可以通过对本书中的案例进行实际操作来学习，还可以通过本书来学习相关软件和工具安装的具体操作。

如果要搭建本书的实验环境运行相关示例，你需要基于Linux的物理机或者虚拟机。本书中所有的命令和案例都在Ubuntu 14.04发行版上测试通过。而且，除了替换掉Ubuntu特有的操作系统命令外，这些案例在其他的Linux平台上也应该可以正常运行。对于Windows用户，最好的办法是使用VirtualBox或者VMware安装一个Ubuntu虚拟机。

本书读者对象

本书适用于具有Hadoop基本概念的Java程序员，即使之前没有Elasticsearch使用经验也不会影响本书阅读。

排版规范

在本书中我们使用了不同的文本样式来区分不同类型的信息。下面是文本样式示例及相关解释。

代码段样式如下：

```
{
  "properties": {
    "skills": {
      "type": "string",
      "analyzer": "simple"
    }
  }
}
```

当我们希望某些代码可以引起你的注意时会对相关的内容进行加粗：

```
StatusListener listener = new StatusListener() {
public void onStatus(Status status) {
        queue.offer(status);
    }
    …
…
```

命令行的输入或者输出使用如下样式：

```
SELECT c.city, s.skill, avg(c.experience)
```

 这个图标表示警告或者需要特别注意的内容。

 这个图标表示提示或者技巧。

读者反馈

欢迎读者提出反馈。你对本书有什么想法，喜欢它哪些方面，不喜欢它哪些方面，都可以告诉我们。要写出真正有用的图书，你的反馈是很重要的。

如果你有意见要进行反馈，可以发送邮件到feedback@packtpub.com，并在邮件主题中注明书名（英文书名*Elasticsearch for Hadoop*）。

如果你有某个领域的专业知识，而且有兴趣编写一本书或者为书的编写提供帮助，请参考我们的作者指南www.packtpub.com/authors。

客户支持

现在，你已经成为一位令我们自豪的Packt图书拥有者，我们将全力帮你利用好本书。

下载示例代码

你可以使用你的账户从http://www.packtpub.com下载所购买的图书示例代码。如果你从其他地方购买本书，则需要到http://www.packtpub.com/support网站上进行注册，我们会通过电子邮件将文件发送给你。

本书中国读者代码下载地址（注意数字和字母大小写）如下：

https://pan.baidu.com/s/1pLM5iob （密码: 2w7t）

如果下载有问题，请联系电子邮箱booksaga@163.com，邮件主题为"elasticsearch"。

下载本书的彩色图片

我们还为本书提供了PDF格式的彩色插图。跟纸质书上的黑白图片相比，彩色图片能够让你更直观地理解作者要表达的内容。你可以在https://www.packtpub.com/sites/default/files/downloads/8999OS_ColorImages.pdf下载这个文件。

勘误表

虽然我们尽可能地保证本书内容的正确性，但是疏漏在所难免。如果你发现了本书中的文字错误或者代码错误就请告知我们，我们将感激不尽。如果你这么做，就可以帮助到其他遇到同样问题的读者，同时也可以帮助我们改进本书的后续版本。当你发现了错误时，请访问http://www.packtpub.com/submit-errata，选择要提交的书，单击Errata Submission Form，并输入详细的内容。勘误一经核实，你的提交就会被接受，此勘误将上传到我们的网站或者添加到现有的勘误表中。

如果你想查看之前提交的勘误，请访问https://www.packtpub.com/books/content/support，输入书的名称搜索即可。

侵权行为

版权内容在互联网上的盗版是所有媒体需要面对的问题。Packt很重视版权保护和许可证。如果你发现我们的图书在互联网上以任何形式非法复制传播，请立即为我们提供地址或者网站名称，以便我们进行补救。

请把可疑盗版材料链接发送到copyright@packtpub.com。

非常感谢你对作者的保护，以及对我们持续为你提供有价值内容的能力的保护。

问题

如果你对本书内容有疑问，可以随时联系questions@packtpub.com，我们将竭尽全力为你解决。

目录

1

环境部署

本书的目的是让读者可以自己安装部署ES-Hadoop运行环境，并使用该环境解决现实世界中遇到的数据分析问题。因此，首先我们需要安装本书需要的Hadoop、Elasticsearch及其他工具集等本书需要的软件运行环境。

我们建议读者在阅读的过程中对本书提供的示例进行实际操作，这样可以加深对内容的理解。

在本章中，我们将介绍以下内容：

● 安装部署Hadoop集群（伪分布式）
● 安装Elasticsearch及相关插件
● 运行WordCount示例
● 使用Marvel和Head浏览Elasticsearch中的数据

1.1 安装部署Hadoop集群

本书示例使用的操作系统环境为Ubuntu，当然你也可以使用其他的Linux发行版。

如果你是一个熟悉Hadoop的读者，而且你已经具备了Hadoop的环境，请直接阅读1.2节内容（安装Elasticsearch及相关插件）。

Hadoop支持三种部署方式：独立部署、伪分布式部署和分布式部署。为了更好地运行本书的示例程序，我们建议在Linux上以伪分布式方式部署Hadoop集群。这种部署方式可以降低多节点部署的复杂性，同时对组件的镜像又让集群的行为与真实的生产环境略有不同。在伪分布式部署的集群中，每个组件都有单独的JVM进程。

Java安装和配置

本书中示例程序的开发和测试的JDK环境使用的是Oracle的Java 8。这些示例程序也应该可以在其他厂商Java 8的发行版上正常运行。

为了安装Oracle Java 8环境，打开命令行终端并执行以下步骤。

1. 首先，使用以下命令添加更新Java 8的本地软件源：

```
$ sudo add-apt-repository ppa:webupd8team/java
$ sudo apt-get update
```

2. 然后，使用以下命令安装Java 8并配置环境变量：

```
$ sudo apt-get install oracle-java8-set-default
```

3. 最后，确认安装成功：

```
$ java -version
```

下面提供一个执行该命令的输出结果，你的输出结果中的小版本号可能与本示例不同：

```
java version "1.8.0_60"

Java(TM) SE Runtime Environment (build 1.8.0_60-b27)

Java HotSpot(TM) 64-Bit Server VM (build 25.60-b23, mixed
mode)
```

用户添加和配置

为了保证我们的ES-Hadoop环境是干净、独立的，同时也为了便于权限管理，我们创建一个单独的用户。为了创建该用户，需要执行以下部署。

1. 首先，添加一个名称为hadoop的用户组：

```
$ sudo addgroup hadoop
```

2. 然后，向这个用户组添加一个名称为eshadoop的用户：

```
$ sudo adduser eshadoop hadoop
```

3. 最后，将eshadoop用户添加进sudo用户组，这样这个用户就被添加到sudoers列表中了：

```
$ sudo adduser eshadoop sudo
```

现在，你需要使用eshadoop这个用户重新登录系统并执行后续的相关步骤。

SSH认证配置

Hadoop通过SSH实现对各节点的管理，因此我们需要安装运行SSH。按照以下步骤执行。

1. 首先，使用以下命令安装SSH：

```
$ sudo apt-get install ssh
```

2. 然后，使用ssh-keygen生成SSH密钥和公钥对，执行以下命令：

```
$ ssh-keygen -t rsa -P '' -C email@example.com
```

> 执行上述命令后会提示**输入保存密钥和公钥的文件名称**，我们必须使用操作系统默认提供的配置。默认情况下，生成的密钥和公钥位于/home/eshadoop/.ssh文件夹下面。

3. 现在，我们需要确认密钥和公钥已正确生成。下述命令至少显示名称为id_rsa和id_rsa.pub的两个文件。为了让Hadoop能够对各个节点实现免密码登录访问，我们使用空密码的方式基于RSA算法创建密钥和公钥对：

```
$ ls -l ~/.ssh
```

4. 为了实现通过SSH访问本地主机，你需要将新生成的公钥文件加入本地的授权公钥列表中。使用以下命令完成：

```
$ cat ~/.ssh/id_rsa.pub >> ~/.ssh/authorized_keys
```

5. 最后，不要忘记测试确认ssh免密码登录的效果：

```
$ ssh localhost
```

Hadoop下载

使用以下命令下载Hadoop，并把它解压到/usr/local文件夹中，这样除了eshadoop用户外，其他用户也可以使用该文件。

1. 首先，通过运行以下命令下载Hadoop tar压缩包：

```
$ wget http://ftp.wayne.edu/apache/hadoop/common/hadoop-2.6.0/
hadoop-2.6.0.tar.gz
```

2. 然后，解压tar压缩包到/usr/local目录中：

```
$ sudo tar vxzf hadoop-2.6.0.tar.gz -C /usr/local
```

> 需要注意的是将文件解压到/usr/local中也会影响到其他用户。也就是说，这对其他的用户也是可用的，因此你需要考虑给该目录提供合适的权限。

3. 现在，使用以下命令重命名Hadoop目录：

```
$ cd /usr/local
$ sudo mv hadoop-2.6.0 hadoop
```

4. 最后，你需要改变hadoop文件夹的用户组和属主权限：

```
$ sudo chown -R eshadoop:hadoop hadoop
```

环境变量配置

下一步你需要设置环境变量。你可以通过在用户对应的.bashrc文件中导入需要的环境变量。

使用文本编辑器打开.bashrc文件，然后添加如下环境变量设置：

```
#Set JAVA_HOME
export JAVA_HOME=/usr/lib/jvm/java-8-oracle
```

```
#Set Hadoop related environment variable
export HADOOP_INSTALL=/usr/local/hadoop

#Add bin and sbin directory to PATH
export PATH=$PATH:$HADOOP_INSTALL/bin
export PATH=$PATH:$HADOOP_INSTALL/sbin

#Set few more Hadoop related environment variable
export HADOOP_MAPRED_HOME=$HADOOP_INSTALL
export HADOOP_COMMON_HOME=$HADOOP_INSTALL
export HADOOP_HDFS_HOME=$HADOOP_INSTALL
export YARN_HOME=$HADOOP_INSTALL
export HADOOP_COMMON_LIB_NATIVE_DIR=$HADOOP_INSTALL/lib/native
export HADOOP_OPTS="-Djava.library.path=$HADOOP_INSTALL/lib"
```

修改保存了.bashrc文件后，这些环境变量不会立即生效，你需要通过退出重新登录或者使用source命令使环境变量生效：

```
$ source ~/.bashrc
```

Hadoop配置

为了让Hadoop使用在之前步骤中安装的JDK，我们需要在hadoop-env.sh中设置JAVA_HOME变量。这个配置文件在$HADOOP_INSTALL/etc/hadoop中。

现在，你可以将JAVA_HOME指向Java安装的目录。在我的主机上，执行如下命令：

```
$ export JAVA_HOME=/usr/lib/jvm/java-8-oracle
```

然后，为了让配置文件生效，我们需要重新登录系统，然后执行如下命令：

```
$ hadoop version
```

正如前文所述，我们将安装一个伪分布式Hadoop环境。在伪分布式模式下，每个Hadoop后台进程使用独立的Java进程。下一步我们将对这些后台进程进行配置。因此，我们需要先将当前的工作目录切换到包含Hadoop配置文件的目录中：

```
$ cd $HADOOP_INSTALL/etc/hadoop
```

配置core-site.xml

本配置文件可以配置Hadoop的临时目录、默认的文件系统等。在我们的示例中，默认文件系统将指向NameNode节点。我们需要修改core-site.xml文件的<configuration>部分：

```
<configuration>
<property>
  <name>hadoop.tmp.dir</name>
  <value>/home/eshadoop/hdfs/tmp</value>
  <description>A base for other temporary
directories.</description>
 </property>
<property>
   <name>fs.default.name</name>
   <value>hdfs://localhost:9000</value>
</property>
</configuration>
```

配置hdfs-site.xml

现在，我们要配置HDFS上数据块副本个数的参数。默认设置下，这个副本个数为3，在实验环境中，我们将该参数设置为1。这需要修改hdfs-site.xml中<configuration>对应的参数：

```
<configuration>
    <property>
    <name>dfs.replication</name>
    <value>1</value>
 </property>
</configuration>
```

我们将Hadoop集群运行在伪分布式模式下。为了让集群正常运行，我们需要配置基于YARN的资源管理器。YARN负责集群资源的管理和调度，也因此数据处理和数据存储模块无须过多地考虑资源的分配调度问题，仅需专注于数据处理和数据存储本身即可。

配置yarn-site.xml

在yarn-site.xml文件中配置附属服务名称及对应的类名：

```
<configuration>
<property>
    <name>yarn.nodemanager.aux-services</name>
    <value>mapreduce_shuffle</value>
</property>
<property>
    <name>yarn.nodemanager.aux-
services.mapreduce.shuffle.class</name>
    <value>org.apache.hadoop.mapred.ShuffleHandler</value>
</property>
</configuration>
```

配置mapred-site.xml

Hadoop集群默认提供了mapred-site.xml.template的配置文件模板，你可以将文件名称修改为mapred-site.xml。为了确保MapReduce的作业使用YARN来进行资源管理和调度，需要进行如下配置：

```
<configuration>
  <property>
    <name>mapred.job.tracker</name>
    <value>yarn</value>
  </property>
</configuration>
```

格式化HDFS

到目前为止，我们已经配置了包括HDFS、YARN、JobTracker等Hadoop的后台进程。你可能已经注意到HDFS依赖于NameNode和DataNode。NameNode包含了存储相关的文件系统元数据信息，而DataNode则存储了包含真正数据的数据块。HDFS在启动之前必须要进行格式化，命令如下：

```
$ hadoop namenode -format
```

如果你正在使用一个已有的集群环境，请不要执行上述操作，否则你将会丢失所有的文件系统元数据信息，也就是说集群将不知道哪个数据块是位于哪个DataNode上。执行了这个操作，虽然你没有执行物理删除集群中数据的操作，但是导致的结果是集群中的数据将无法访问。因此，最好在对HDFS格式化之前将DataNode中的数据迁移到其他位置。

启动Hadoop进程

现在，我们已经对所有的Hadoop后台进程进行了相关的配置。为了能够在集群上运行MapReduce作业，我们需要启动相关的后台进程。

首先使用如下命令启动HDFS。这个命令将启动NameNode、SecondaryNameNode和DataNode后台进程：

```
$ start-dfs.sh
```

然后使用如下命令启动YARN资源管理器（YARN将启动ResourceManager和NodeManager后台进程）：

```
$ start-yarn.sh
```

如果启动HDFS和YARN的两个命令执行完成，你可以通过jps工具（这个工具将列出本机的所有JVM进程）检查后台进程是否执行成功：

```
$ jps
```

如果后台进程成功启动，你可以看到运行的服务如下所示：

```
13386 SecondaryNameNode
13059 NameNode
13179 DataNode
17490 Jps
13649 NodeManager
13528 ResourceManager
```

1.2 安装Elasticsearch及相关插件

在本部分中，我们将下载、配置Elasticsearch，并安装Elasticsearch的Head和Marvel插件。

下载Elasticsearch

下载Elasticsearch需要以下步骤。

1. 首先，使用如下命令下载Elasticsearch：

    ```
    $ wget https://download.elastic.co/elasticsearch/elasticsearch/
    elasticsearch-1.7.1.tar.gz
    ```

2. 文件下载完成后，将其解压到/usr/local目录，然后重命名为一个方便识别的目录名称：

    ```
    $ sudo tar -xvzf elasticsearch-1.7.1.tar.gz -C /usr/local
    $ sudo mv /usr/local/elasticsearch-1.7.1 /usr/local/elasticsearch
    ```

3. 最后，将该目录的属主修改为eshadoop用户：

    ```
    $ sudo chown -R eshadoop:hadoop /usr/local/elasticsearch
    ```

配置Elasticsearch

在Elasticsearch主目录的config文件夹下，你可以找到Elasticsearch的配置文件elasticsearch.yml。通过执行以下命令打开elasticsearch.yml配置文件：

```
$ cd /usr/local/elasticsearch
$ vi config/elasticsearch.yml
```

修改配置文件中包含cluster.name的行改变集群名称：

```
cluster.name:eshadoopcluster
```

类似的，你可以修改配置文件中包含node.name的行改变节点名称：node.name:"ES Hadoop Node"。

实际上，你无须修改Elasticsearch配置文件就能够正常启动Elasticsearch集群。从这一点来说，Elasticsearch对用户是十分友好的。虽然如此，但在生成环境或者开发环境中，我们还是有必要对某些参数进行适当的调整。

默认情况下，如果不指定节点名称，Elasticsearch会从一个指定的包含3000个名字列表中随机选取一个作为节点名称。如果不指定集群的名称，那么它的默认名称为elasticsearch。如果在同一个网段中的各个Elasticsearch节点都使用了默认的配置文件，也具有相同的集群名称，那么Elasticsearch会将各个节点都作为集群中的一部分，在各节点之间进行数据同步操作。所以，对于想让自己安装的Elasticsearch作为一个单独的集群来使用的工程师来说，最好还是先修改cluster.name和node.name这两个参数。

你可以修改配置文件中以 path.* 开头的相关参数文件。这些参数可以自定义不同数据的不同存储位置：

```
############################ paths ############################
# Path to directory containing configuration (this file and
logging.yml):
#
path.conf: /usr/local/elasticsearch/config

# Path to directory where to store index data allocated for this
node.
#
# Can optionally include more than one location, causing data to
be striped across
# the locations (a la RAID 0) on a file level, favouring locations
with most free
# space on creation.
path.data: /usr/local/elasticsearch/data

# Path to temporary files:
#
path.work: /usr/local/elasticsearch/work

# Path to log files:
#
path.logs: /usr/local/elasticsearch/logs
```

其中，参数path.data可以指定Elasticsearch中数据的实际存储位置。给这个参数指定一个合适的目录是非常重要的。为了防止在Elasticsearch更新过程中对数据的删除或覆盖，你应该将该位置指定为一个不同于Elasticsearch安装目录的位置。

安装Head插件

Elasticsearch提供了一个plugin工具实现对插件的安装。执行如下操作完成对Head插件的安装：

```
$ bin/plugin -install mobz/elasticsearch-head

-> Installing mobz/elasticsearch-head...
Trying https://github.com/mobz/elasticsearch-head/archive/master.zip...
Downloading ...................................................
.................................................................
.................................................................
.................................................DONE
Installed mobz/elasticsearch-head into /usr/local /elasticsearch/plugins/
head
Identified as a _site plugin, moving to _site structure ...
```

在控制台中显示如上的输出时表示这个插件成功地安装在Elasticsearch主目录的默认插件目录中。你可以在浏览器中输入如下地址访问Head插件：

```
http://localhost:9200/_plugin/head/
```

安装Marvel插件

现在，让我们使用类似的命令安装Marvel插件：

```
$ bin/plugin -i elasticsearch/marvel/latest

-> Installing elasticsearch/marvel/latest...
Trying http://download.elasticsearch.org/elasticsearch/marvel/marvel-
latest.zip...
```

```
Downloading ........................................................
.......................................................................
.......................................................................
...........................................DONE
```

Installed elasticsearch/marvel/latest into /usr/local/elasticsearch/
plugins/marvel

启动Elasticsearch

最后，我们使用如下命令启动Elasticsearch：

```
$ ./bin/elasticsearch
```

接着我们将得到如下日志信息：

```
[2015-05-13 21:59:37,344][INFO ][node                    ] [ES Hadoop
Node] version[1.5.1], pid[3822], build[5e38401/2015-04-09T13:41:35Z]

[2015-05-13 21:59:37,346][INFO ][node                    ] [ES Hadoop
Node] initializing ...

[2015-05-13 21:59:37,358][INFO ][plugins                 ] [ES Hadoop
Node] loaded [marvel], sites [marvel, head]

[2015-05-13 21:59:39,956][INFO ][node                    ] [ES Hadoop
Node] initialized

[2015-05-13 21:59:39,959][INFO ][node                    ] [ES Hadoop
Node] starting ...

[2015-05-13 21:59:40,133][INFO ][transport               ] [ES Hadoop
Node] bound_address {inet[/0:0:0:0:0:0:0:0:9300]}, publish_address
{inet[/10.0.2.15:9300]}

[2015-05-13 21:59:40,159][INFO ][discovery               ] [ES Hadoop
Node] eshadoopcluster/_bzqXWbLSXKXWpafHaLyRA

[2015-05-13 21:59:43,941][INFO ][cluster.service         ] [ES Hadoop
Node] new_master [ES Hadoop Node][_bzqXWbLSXKXWpafHaLyRA][eshadoop]
[inet[/10.0.2.15:9300]], reason: zen-disco-join (elected_as_master)

[2015-05-13 21:59:43,989][INFO ][http                    ] [ES Hadoop
Node] bound_address {inet[/0:0:0:0:0:0:0:0:9200]}, publish_address
{inet[/10.0.2.15:9200]}

[2015-05-13 21:59:43,989][INFO ][node                    ] [ES Hadoop
Node] started

[2015-05-13 21:59:44,026][INFO ][gateway                 ] [ES Hadoop
Node] recovered [0] indices into cluster_state

[2015-05-13 22:00:00,707][INFO ][cluster.metadata        ] [ES Hadoop
Node] [.marvel-2015.05.13] creating index, cause [auto(bulk api)],
templates [marvel], shards [1]/[1], mappings [indices_stats, cluster_
```

```
stats, node_stats, shard_event, node_event, index_event, index_stats,
_default_, cluster_state, cluster_event, routing_event]
[2015-05-13 22:00:01,421][INFO ][cluster.metadata          ] [ES Hadoop
Node] [.marvel-2015.05.13] update_mapping [node_stats] (dynamic)
```

    Elasticsearch的启动日志中对集群启动的各个阶段的运行状况进行了说明。默认情况下，Elasticsearch使用HTTP传输端口的范围为9200~9299，并将这个范围中第一个可用的端口作为其传输端口。在上述的输出中，我们可以看到也绑定了9300端口。Elasticsearch使用9300~9399这个端口范围用做节点内部通信。如果你使用了Java的客户端，那么客户端与Elasticsearch节点通信也使用这个端口。这个端口还被Elasticsearch用来通过单播或者组播的方式进行节点发现。默认情况下，Elasticsearch使用组播方式进行节点发现。关于节点发现的更多内容，我们会在最后一章中进行介绍。

1.3　运行WordCount示例

    到目前为止，我们已经拥有了一个ES-Hadoop运行环境。下面我们将运行第一个示例程序WordCount。在Hadoop的世界中，WordCount已经替代了HelloWorld。

下载编译示例程序

    你可以从https://github.com/vishalbrevitaz/eshadoop/tree/master/ch01下载本书中的示例程序。在下载到源代码之后，你可以根据源代码压缩包中的readme文件将源代码编译成JAR文件。编译过程会在<SOURCE_CODE_DIR>/ch01/target目录中生成ch01-0.0.1-job.jar文件。

将示例文件上传到HDFS

    对于WordCount程序，我们可以使用任何文本文件作为输入。但是为了更好地说明执行结果，我们使用源代码压缩包中提供的sample.txt文本文件作为输入。可以执行如下操作来完成。

1. 首先，我们使用如下命令在HDFS上创建一个目录来管理示例程序的输入文件：

```
$ hadoop fs -mkdir /input
$ hadoop fs -mkdir /input/ch01
```

2. 然后，使用如下命令将sample.txt文件上传到HDFS对应的目录中：

```
$ hadoop fs -put data/ch01/sample.txt /input/ch01/sample.txt
```

3. 现在，你可以使用如下命令确认该文件是否成功地上传到了HDFS的指定位置上：

```
$ hadoop fs -ls /input/ch01
```

执行这个命令的时候，你应该可以看到类似下文的输出：

```
Found 1 items
-rw-r--r--   1 eshadoop supergroup        2803 2015-05-10 15:18 /
input/ch01/sample.txt
```

运行第一个作业

我们已经准备好了需要运行的JAR文件，也已经把示例文件sample.txt上传到HDFS对应的位置上。在命令行终端上，我们把工作目录切换到<SOURCE_CODE_BASE>/ch01/target下，执行以下命令：

```
$ hadoop jar ch01-0.0.1-job.jar /input/ch01/sample.txt
```

现在，你可以得到如下输出：

```
15/05/10 15:21:33 INFO client.RMProxy: Connecting to ResourceManager at
/0.0.0.0:8032

15/05/10 15:21:34 WARN mr.EsOutputFormat: Speculative execution enabled
for reducer - consider disabling it to prevent data corruption

15/05/10 15:21:34 INFO util.Version: Elasticsearch Hadoop v2.0.2
[ca81ff6732]

15/05/10 15:21:34 INFO mr.EsOutputFormat: Writing to [eshadoop/wordcount]

15/05/10 15:21:35 WARN mapreduce.JobSubmitter: Hadoop command-line option
parsing not performed. Implement the Tool interface and execute your
application with ToolRunner to remedy this.

15/05/10 15:21:41 INFO input.FileInputFormat: Total input paths to
```

```
process : 1
15/05/10 15:21:42 INFO mapreduce.JobSubmitter: number of splits:1
15/05/10 15:21:42 INFO mapreduce.JobSubmitter: Submitting tokens for job:
job_1431251282365_0002
15/05/10 15:21:42 INFO impl.YarnClientImpl: Submitted application
application_1431251282365_0002
15/05/10 15:21:42 INFO mapreduce.Job: The url to track the job: http://
eshadoop:8088/proxy/application_1431251282365_0002/
15/05/10 15:21:42 INFO mapreduce.Job: Running job: job_1431251282365_0002
15/05/10 15:21:54 INFO mapreduce.Job: Job job_1431251282365_0002 running
in uber mode : false
15/05/10 15:21:54 INFO mapreduce.Job:  map 0% reduce 0%
15/05/10 15:22:01 INFO mapreduce.Job:  map 100% reduce 0%
15/05/10 15:22:09 INFO mapreduce.Job:  map 100% reduce 100%
15/05/10 15:22:10 INFO mapreduce.Job: Job job_1431251282365_0002
completed successfully
…
…

…

  Elasticsearch Hadoop Counters
    Bulk Retries=0
    Bulk Retries Total Time(ms)=0
    Bulk Total=1
    Bulk Total Time(ms)=48
    Bytes Accepted=9655
    Bytes Received=4000
    Bytes Retried=0
    Bytes Sent=9655
    Documents Accepted=232
    Documents Received=0
    Documents Retried=0
    Documents Sent=232
    Network Retries=0
    Network Total Time(ms)=84
    Node Retries=0
    Scroll Total=0
    Scroll Total Time(ms)=0
```

下载示例代码

如果你通过Packt购买本书，你可以通过在http://www.packtpub.com上登录自己的账号下载本书的示例代码。如果你在其他地方购买本书，你可以访问http://www.packtpub.com/support，填写相关注册信息之后，我们会把示例代码直接发邮件给你。

这个MapReduce作业在Mapper阶段对样例数据中单词出现的频次进行统计，在Reducer阶段对每个单词的频次进行汇总统计，然后把运算结果导入Elasticsearch。关于WordCount运行的更多细节，我们将在下一章中进行讨论。从控制台输出的日志信息，我们可以看到这个MapReducer作业执行的各个阶段。其中，ES-hadoop　Counter部分提供了发送和接收的数据量、发送和接收的文档个数、重试次数、时间消耗等相关统计信息。如果对源码压缩包中提供的sample.txt进行统计，那么在统计信息中你会看到总共统计出232个单词，它们全部被导入Elasticsearch中，形成了232个文档。在下一节，我们将使用之前已安装好的Elasticsearch　Head和Marvel插件查看上面作业中导入的Elasticsearch文档。就像其他普通的Hadoop MapReduce作业一样，你可以在JobTracker中跟踪这个MapReducer作业运行的状态信息。如果你使用的是我们之前的配置信息，你可以访问http://localhost:8088/cluster查看相关信息。

1.4　使用Head 和 Marvel浏览数据

在1.2节中，我们已经安装了两个Elasticsearch的插件：Head和Marvel。在这一节中，我们将使用这两个插件查看上一节中使用ES-Hadoop　MapReduce作业导入的Elasticsearch文档。

使用Head浏览数据

Elasticsearch Head提供了一个简单的Web前端页面来显示Elasticsearch的相关信息，包括集群、节点健康状态、索引及相关统计信息。使用这个插件，我们可以很方便地浏览Elasticsearch中的索引、类型、文档信息。另外，它还允许我们使用类似于表格的方式查看文档数据，这对于用惯了关系型数据库的用户来说很容易接受。

Elasticsearch Head默认使用http://localhost:9200/_plugin/head这个地址。

在浏览器中输入上述地址，我们可以看到如图1-1所示的页面。

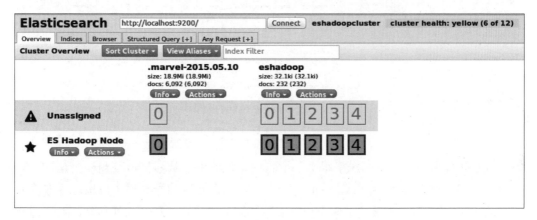

图1-1

在图1-1中，我们可以看到集群的整体状态信息。这些信息包括集群的健康状况（使用绿、黄、红色表示）、不同节点的分片分布情况、分片是否可用、索引的大小等。在图1-1中，我们可以看到两个索引：.marvel-2015.05.10和eshadoop。你可能会比较好奇，为什么会有一个名为.marvel-2015.05.10的索引呢？我们并没有创建这么一个索引。让我们暂时先把这个问题放一放，在后面介绍Marvel插件的部分中再进行说明。

我们还是先回到WordCount示例程序。在上一节中，MapReduce作业共计算出232个单词，而我们这里可以看到索引eshadoop的文档数量也正好是232个，刚好符合。

我们单击Elasticsearch Head主页中的Browser标签，可以看到图1-2所示的内容。

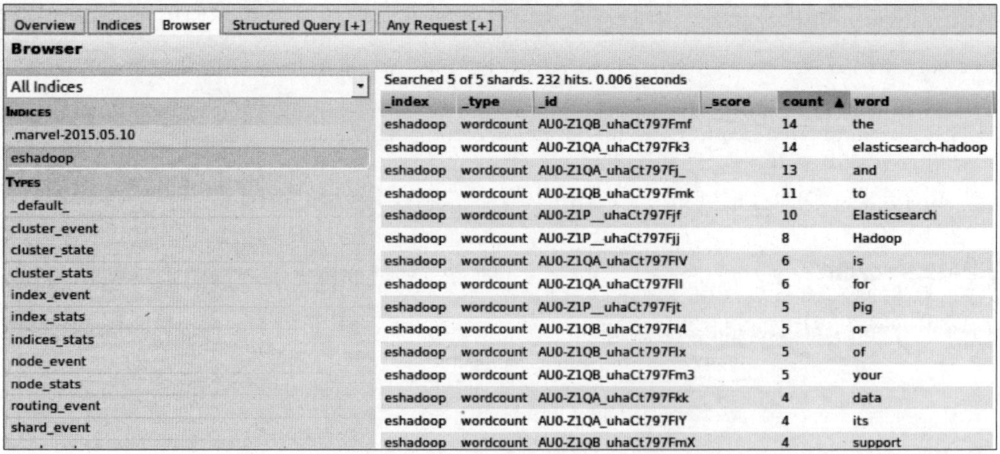

图1-2

你可以看到这个页面的风格跟上一个页面是统一的。通过MapReduce作业导入到Elasticsearch中的数据存储在eshadoop这个索引中。在左侧的导航栏中Indices下方单击eshadoop索引，就可以查看这个索引包含的数据信息。另外，我们也可以看到ES文档的字段信息。这些字段信息包括_index、_type、_id、_score等，当然也包括我们最关注的word和count。通过单击列的名称，比如count，就可以实现对count列的排序，这样我们就可以看到在sample.txt中出现频次最高的单词。

初识Marvel

Kibana是一款ES-hadoop的数据可视化工具。通过Kibana，Marvel可以实现对Elasticsearch的实时监控和历史数据分析。它的图表可以展示节点、JVM、ES-hadoop的状态信息。在浏览器中输入http://localhost:9200/_plugin/marvel，就可以打开Marvel的主页面。

图1-3展示了Marvel提供的集群总体的状态信息。

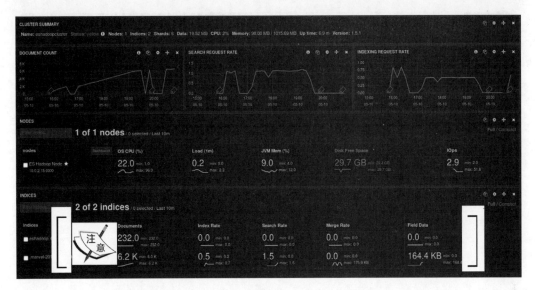

图1-3

从图1-3中你可以看到集群、节点、索引的实时状态信息。你可以通过可视化图表的方式查看文档总数、搜索次数、文档变化的趋势情况，这能够为我们诊断Elasticsearch性能问题提供直观的依据。另外，它还提供了CPU使用率、主机负载、JVM内存使用率、空闲磁盘空间等特别重要的信息。你也可以通过图表的右上角选择时间区间，展示历史区间的图表信息。Marvel每天使用一个单独的索引存储历史数据，索引的命名规则为 .marvel-XXX。

使用Sense浏览数据

Sense是Marvel内置的一个插件，为ES-Hadoop服务器提供了一个简单易用的基于REST API的客户端。它提供了基于Elasticsearch查询语法的自动拼写建议，能够节省你很多记忆查询语法的时间，而且还可以帮你找出语法和拼写错误。

在浏览器地址栏中输入http://localhost:9200/_plugin/marvel/sense/index.html，可以打开Sense界面。

图1-4显示的就是Sense的查询界面。

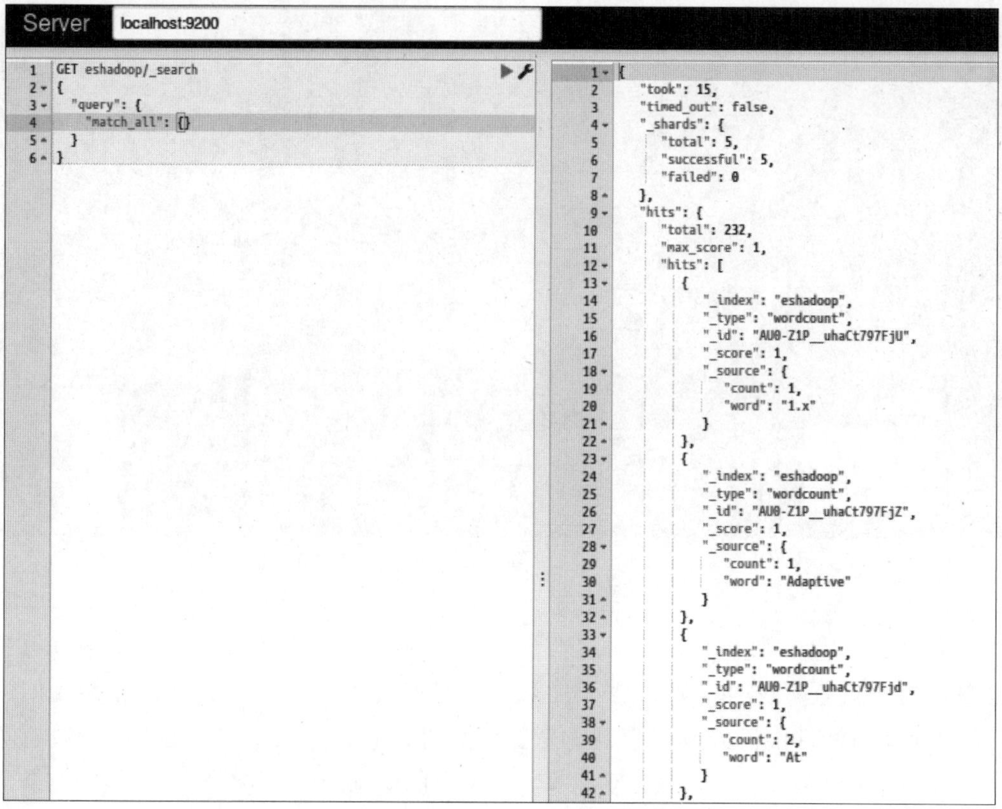

图1-4

现在，我们可以使用match_all来查询eshadoop索引中的文档了。

查询语句需要写在左侧的查询面板上：

```
GET eshadoop/_search
{
    "query": {
        "match_all":{}
    }
}
```

最后，单击Send Request按钮提交查询并返回查询结果。

> 注意 改变Server地址栏中的服务器地址，可以连接到其他的
> Elasticsearch服务器。

小结

在本章中，我们做了一系列的准备工作，然后以伪分布式方式安装了Hadoop集群。然后，我们安装并运行了Elasticsearch服务器，初步了解了基本的Elasticsearch配置参数。我们还学习了如何安装Elasticsearch插件。我们将样例文本文件上传到HDFS上，并执行了第一个Hadoop MapReduce作业WordCount，使用ES-Hadoop将数据导入到Elasticsearch。然后，我们学习了如何使用Head和Marvel插件查看Elasticsearch中的数据。

随着对软件环境的理解，我们将实际动手写一些MapReduce作业。在下一章中，我们将详细介绍WordCount作业是如何开发的。我们也将根据现实世界中的场景开发一些MapReduce作业，实现HDFS和Elasticsearch的数据交互。

2

初识ES-Hadoop

Hadoop提供了一个面向批处理的分布式存储和计算引擎。Elasticsearch则提供了一个具有丰富的聚集能力的全文检索引擎。Hadoop和Elasticsearch的数据交互为数据分析工具对数据的特征识别、执行全文检索和基于地理位置的信息分析提供了可能。ES-Hadoop这个库架起了Hadoop和Elasticsearch之间的桥梁。本书的目标就是让你能够使用ES-Hadoop解决现实世界中的数据分析问题。

本章的目标是开发MapReduce作业实现Hadoop与Elasticsearch之间的数据交互。你可能已经可以使用MapReduce作业将输出的结果写到HDFS上，由于ES-Hadoop提供了单独的InputFormat和OutputFormat来实现和Elasticsearch的数据交互，因此首先我们安装了Hadoop、Elasticsearch及相关工具集，我们本书后续都会使用这个软件环境。

我们建议你学习使用本书提供的示例来加快学习的进程。

在本章中，我们将介绍以下内容：

● 理解WordCount程序
● 实际案例——网络数据监控
● 开发MapReduce作业
● 将数据从Elasticsearch写回HDFS

2.1 理解WordCount程序

在上一章中，我们使用ES-Hadoop库运行了第一个Hadoop MapReduce作业。现在，让我们走进WordCount内部来了解一下它是如何开发出来的。

理解Mapper

我们先来看一下WordsMapper.java程序：

```
package com.packtpub.esh;

import org.apache.hadoop.io.IntWritable;
import org.apache.hadoop.io.Text;
import org.apache.hadoop.mapreduce.Mapper;

import java.io.IOException;
import java.util.StringTokenizer;

public class WordsMapper extends Mapper<Object, Text, Text,
IntWritable> {

  private final static IntWritable one = new IntWritable(1);

  public void map(Object key, Text value, Context context)  throws
IOException, InterruptedException {
    StringTokenizer itr = new StringTokenizer(value.toString());

    while (itr.hasMoreTokens()) {
          Text word = new Text();
      word.set(itr.nextToken());
      context.write(word, one);
    }
  }
}
```

对于MapReduce开发人员来说，这个Mapper并没有什么难的。我们从value中获取输入的数据，使用空格拆分输入数据，然后抽取出每一个单词。也就是说，我们输入了一系列的键值对，键为拆分出来的一个个单词，值为常数1。这和其他的WordCount

中的WordsMapper并没有什么不同。

理解Reducer

为了更好地理解Reducer部分，我们首先需要了解Reducer的输入的是什么、我们打算输入的是什么。

我们已经介绍了WordCount中的Mapper类。它向Reducer提供的是大量的以单词为键、以1为值的键值对。从这一点上来看，这和传统的MapRedue程序没有什么不同。不同的是，我们希望它执行的时候可以将单词和对应的汇总结果推送到Elasticsearch的索引当中。

> 我们将在下一章使用一章的篇幅单独介绍Elasticsearch。目前对于我们来说，只需要知道Elasticsearch既可以索引数据，也可以读取数据就可以了。索引和读取的一个数据单元叫作文档。这是一个包含了字段和对应值的JSON对象。

我们希望Elasticsearch的文档形如下面的JSON结构：

```
{
  "word":"Elasticsearch-hadoop",
  "count":14
}
```

我们需要在Java中实现这样的一个文档结构。它应该被写入到Context对象中。我们可以很容易地将这个基于JSON的键值对映射到MapWritable类上。MapWritable中的键对应JSON中的键，MapWritable中的值对应JSON中的值。这样前面JSON中的word和count就变成了MapWritable的实例。

只要Reducer运行完成，输出的数据就会以JSON格式通过RESTful接口将数据发送给Elasticsearch，发起对这些数据的批量索引创建请求。

现在，让我们看一下WordsReducer类：

```
package com.packtpub.esh;

import org.apache.hadoop.io.IntWritable;
```

```
import org.apache.hadoop.io.MapWritable;
import org.apache.hadoop.io.Text;
import org.apache.hadoop.mapreduce.Reducer;

import java.io.IOException;
public class WordsReducer extends Reducer<Text,IntWritable,Text,MapWr
itable> {
  @Override
  public void reduce(Text key, Iterable<IntWritable> values,
Context context) throws IOException, InterruptedException {
    // This represents our ES document
      MapWritable result = new MapWritable();
    int sum = 0;
    for (IntWritable val : values) {
      sum += val.get();
    }
      // Add "word" field to ES document
    result.put(new Text("word"), key);
      // Add "count" field to ES document
    result.put(new Text("count"), new IntWritable(sum));
    context.write(key, result);
  }

}
```

WordsReducer实现了Reducer接口，以<Text，Iterable<IntWritable>>作为输入参数类型，以<Text，MapWritable>作为输出参数类型。在reduce方法的实现中，我们对对应单词的频度进行迭代累加，得到了总的出现次数。总的出现次数和对应的单词被存入MapWritable对象result。最后，result被写入context进行进一步处理。

理解Driver

要使作业正常运行，我们需要一个组件来驱动这个作业。这个组件被称为Driver。这个组件负责提供Elasticsearch的节点、索引等作业运行需要的配置信息。另外，它也用来配置使用哪个Mapper和Reducer类和输入输出的格式、路径等信息。

Driver.java如下：

```
import org.apache.hadoop.conf.Configuration;
import org.apache.hadoop.fs.Path;
import org.apache.hadoop.io.IntWritable;
import org.apache.hadoop.io.Text;
```

```
import org.apache.hadoop.mapreduce.Job;
import org.apache.hadoop.mapreduce.lib.input.FileInputFormat;
import org.elasticsearch.hadoop.mr.EsOutputFormat;
public class Driver {

  public static void main(String[] args) throws Exception {
    Configuration conf = new Configuration();
        // Elasticsearch Server nodes to point to
    conf.set("es.nodes", "localhost:9200");



    // Elasticsearch index and type name in {indexName}/{typeName}
format
    conf.set("es.resource", "eshadoop/wordcount");
```

首先，我们实例化了Hadoop的Configuration对象。很多ES-Hadoop库的行为可以通过设置Configuration的相关属性进行配置。在本书的附录部分提供了可配置的属性列表，以供参考。在上述示例中，我们配置了两个基本属性：es.nodes和es.resource。

属性es.nodes告诉MapReduce作业应该连接哪个Elasticsearch节点。它对应的值的格式为<HOSTNAME/IP>:<PORT>。你也可以通过逗号分隔指定多个节点。ES-Hadoop库使用HTTP REST方式连接Elasticsearch。这里我们也指定需要连接的HTTP端口（默认为9200），需要注意的是这个端口不是节点内部通信的端口（默认为9300）。

 我们没有必要将Elasticsearch集群的所有节点都列举在属性es.nodes中。ES-Hadoop库将根据你提供的值自动发现集群中的其他节点。即使这样，我们仍然建议为es.nodes指定多个节点。如果仅指定单个节点，可能会因为指定的节点出现故障无法连接而导致MapReduce作业无法将数据写入Elasticsearch集群。

属性es.resource用来指定存入Elasticsearch的索引名称和类型。也就是说，发生数据交互时，程序将会以指定的索引名称、类型对数据进行读写操作。该属性值的格式为<index>/<type>。

如果你刚刚开始学习Elasticsearch，你可能想知道索引、类型是什么意思。你可以将索引类比为关系型数据库中的schema，类型类比为关系型数据库中的表。Elasticsearch中的文档也可以类比为关系型数据库表中的一行。关于索引、类型、文档的详细内容将在下一章中介绍。

```
// Create Job instance
Job job = new Job(conf, "word count");
// set Driver class
job.setJarByClass(Driver.class);
job.setMapperClass(WordsMapper.class);
job.setReducerClass(WordsReducer.class);
job.setOutputKeyClass(Text.class);
job.setOutputValueClass(IntWritable.class);
// set OutputFormat to EsOutputFormat provided by
Elasticsearch-Hadoop jar
job.setOutputFormatClass(EsOutputFormat.class);

FileInputFormat.addInputPath(job, new Path(args[0]));
System.exit(job.waitForCompletion(true) ? 0 : 1);
    }

}
```

除了针对ES-Hadoop特定的属性外，比如jarByClass、mapperClass、reducerClass、outputKeyClass、outputValueClass这些属性的设置与其他普通的MapReduce作业没有什么不同。

ES-Hadoop库提供了单独的EsInputFormat和EsOutputFormat。它们扮演了Hadoop和Elasticsearch需要的JSON格式之间的适配器角色。默认情况下，MapWritable对象被写入context对象。然后EsOutputFormat将MapWritable对象转换为JSON格式。

你可以使用EsOutputFormat将JSON字符串写入Elasticsearch，这个字符串不需要进行任何形式的转换。为了实现这个目的，你需要配置一个属性"es.input.json" = "yes"。这个设置会让ES-Hadoop库自动寻找MapReduce作业中输出的BytesWritable或者Text对象。如果找不到，那么它会使用在outputValueClass中配置的类，并调用类的toString()方法返回JSON字符串。

使用旧的API——org.apache.hadoop.mapred

如果你还在使用旧的MapReduce API也不必担心，ES-Hadoop库与旧的版本完全兼容。

下面提供一个兼容旧版本API的Driver代码示例：

```
JobConf conf = new JobConf();
conf.setSpeculativeExecution(false);
conf.set("es.nodes", "localhost:9200");
conf.set("es.resource", "eshadoop/wordcount");
conf.setOutputFormat(EsOutputFormat.class);
conf.setMapOutputValueClass(MapWritable.class);
conf.setMapperClass(MyMapper.class);
...
JobClient.runJob(conf);
```

2.2 实际案例——网络数据监控

现在我们已经理解了MapReduce作业是如何将数据从HDFS推送到Elasticsearch中的。让我们回到现实世界中找找感觉，看看ES-Hadoop可以为我们提供什么样的价值。

为了达到本节的目的，让我们假设通过网络安全和监控工具获取了其产生的日志文件的数据集。这个工具扮演了联网设备和Internet之间的网关和防火墙的角色。防火墙负责检测病毒、间谍软件、检查输出流量的类别，并根据配置的策略允许或者阻止请求。

获取并理解数据

你可以使用工具从https://github.com/vishalbrevitaz/eshadoop/tree/master/ch02下载样例数据。这里我们提供了日志数据的片段：

```
Jan 01 12:26:26 src="10.1.1.89:0" dst="74.125.130.95"  id="None"
act="ALLOW" msg="fonts.googleapis.com/css?family=Cabin
Condensed:400,600" (sn=5QMS-CW98-F7Z5-821D, ip=192.168.1.4,
```

```
 tz=Asia/Kolkata, time=Sat Jan  1 12:26:26 2000)
Dec 27 17:51:42 src="10.0.230.100:0" dst="216.163.176.37"
id="InformationTechnology" act="BLOCK"
msg="webres1.qheal.ctmail.com/SpamResolverNG/SpamResolverNG.dll?Do
NewRequest" (sn=S6RY-53CJ-MI1A-A3H1, ip=10.0.230.1,
tz=Asia/Kolkata, time=Sat Dec 27 17:51:42 2014)

Jan 01 14:05:02 src="192.168.23.7:0" dst="74.125.169.50"
id="None" act="ALLOW" msg="r13---sn-
h557snee.c.pack.google.com/crx/blobs/QwAAAHF3InbmK-
wFIemaY3I3BCN9_1dkhEVaCdgM222vuHjkxK6NBzB_0gL_ZX0viLGk2Oj9RTenoQVq
Ft4t1aRX1UBZFohm-
5P53pZvgpk0MhUAAMZSmuUMiazmP7QUhdw2GOvyfeovoIJpSQ/extension_1_4_6_
703.crx?cms_redirect=yes&expire=1419697302&ip=117.222.178.31&ipbit
s=0&mm=31&ms=au&mt=1419682885&mv=m&sparams=expire,ip,ipbits,mm,ms,
mv&signature=61E0037BE24C1E66928B6CF9410E3A8F6F845F19.0F (sn=AXN9-
Z07K-25HR-K712, ip=192.168.1.30, tz=Asia/Kolkata, time=Sat Jan  1
14:05:02 2000)

Dec 27 17:51:42 src="192.168.0.2:0" dst="23.58.43.27"
id="InformationTechnology" act="BLOCK" msg="gtssl-
ocsp.geotrust.com/" (sn=RH9P-5Y51-S4N0-M9JK, ip=192.168.0.162,
tz=Asia/Kolkata, time=Sat Dec 27 17:51:42 2014)

Dec 27 12:21:42 src="10.1.1.5:0" dst="212.56.73.9"  id="None"
act="ALLOW" msg="\220L4\001" (sn=VCNY-RD87-A6LT-IXTT, ip=, tz=,
time=Sat Dec 27 12:21:42 2014)

Dec 27 17:51:42 src="10.3.15.7:0" dst="103.243.111.210"
id="InformationTechnology" act="BLOCK"
msg="resolver1.qheal.ctmail.com/SpamResolverNG/SpamResolverNG.dll?
DoNewRequest" (sn=K6KR-U5ST-SQ7R-QV9S, ip=10.3.15.1,
tz=Asia/Kolkata, time=Sat Dec 27 17:51:42 2014)
```

这些数据为我们提供了一些有用的信息，比如日期、源IP地址、目的地IP地址。其中，id标识了网站的类别，act表示对这个请求采取的允许或阻止的动作，msg表示发送请求的URL。

明确问题

每秒钟都会产生一大堆日志，我们将通过以下几个方面来分析这些日志：

● 哪类网站出现次数最多？
● 哪个域名出现次数最多？

- 哪个域名被阻止次数最多？
- 在某个特定的IP范围内哪类网站出现次数最多？
- 哪个IP地址被阻止访问次数最多？
- 在某个特定的IP范围内哪个域名出现次数最多？
- 哪个目标被攻击次数最多？
- 哪个目标发起攻击次数最多？
- 哪个病毒是出现次数最多的病毒？

实际上，我们还有更多类似的问题需要从这些日志文件中寻找答案。

解决方案

现在，我们观察数据并根据提出的问题进行分析，发现这需要通过聚合分析来实现。我们知道如何在Hadoop上开发MapReduce作业。上面的大部分问题都是对指定的字段求TOP值的工作，比如哪类网站出现次数最多、哪个域名出现次数最多、哪个目标发起攻击次数最多等。

从顶层设计上说，有两种可能的方式执行TOP N查询。

- **预聚合结果**：针对特定的字段写一个作业来计算TOP N，并把结果存储在文件中，然后从文件中查询聚合的结果。
- **直接查询聚合结果**：将细粒度的数据存储在擅长处理分析的引擎中（比如Elasticsearch），把上述问题转换成有聚合功能的查询语句，直接进行查询并获得TOP N的结果。

解决方案1——预聚合结果

使用这种方式求解，我们需要知道具体的问题才行。比如：哪十类网站出现次数最多？每次我们都根据具体的问题开发MapReduce作业获取相应的字段值，并计算出结果存储在HDFS中。

有人可能认为要做TOP N操作只需要重用WordCount的Reducer逻辑即可。而WordCount只适用于只有一个Reducer的情况。当数据集很庞大时，单个Reducer会降低作业的可扩展性。同时，使用这种方式又不能使用多个Reducer，因为每个Reducer都仅处理自己的那部分数据子集,我们没有办法求解出全部数据的TOP N。

为了得到我们需要的结果,需要执行以下两个步骤。

1. 计算每一类网站的数量。
2. 对结果排序找出TOP N。

为了得到最终结果,这两个步骤都需要单独的MapReduce作业。这是因为我们对数据进行两个独立的聚合统计:对每类网站进行聚合统计,在这个结果的基础上再求TOP N。

首先,MapReduce作业以日志文件作为输入,计算得到类似WordCount的输出结果。这个作业对不同的网站类别进行统计,得到类似下面的结果:

```
advertisements      500
informationtechnology      8028
newsandmedia      304
none    12316
portals    2945
searchengines      1323
spywaresandp2p   1175
…
…
…
```

这个作业的输出结果以临时文件的形式保存在HDFS上,同时它也作为下一个求TOP N的作业的输入,计算完成后,最终结果也保存在HDFS上。通过执行以上步骤,我们就可以获得网站类别这一字段的TOP N结果。如果我们想计算发起攻击次数、被阻止访问的域名、病毒或者某个IP范围内的TOP N,我们就需要针对特定的条件或者特定的字段再次重复上述的两个步骤进行单独运算。这样每次的单独运算就略显麻烦。

图2-1表达了该方案是如何完成这两个步骤的数据处理流程的。

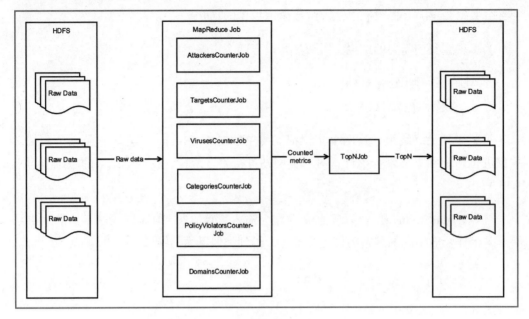

图2-1

解决方案2——直接查询聚合结果

如果我们具备了查询时运算的能力，这个问题就将迎刃而解。Elasticsearch恰恰提供了针对索引数据的实时聚合能力。所以，我们需要做的就是把日志数据导入Elasticsearch中。只要把数据导入Elasticsearch中，即使要计算的字段不在我们之前的规划中，也可以按需进行查询。Elasticsearch使我们的工作变得异常简单。

为了达成这个目的，我们需要写一个单独的MapReduce作业解析日志文件，然后使用ES-Hadoop将数据索引在Elasticsearch中。

利用Elasticsearch的查询能力，我们能够以秒级获取TOP N数据。在我们提交了查询任务时，Elasticsearch集群利用多节点的分布式运算能力快速返回数据。这为我们按需获取数据提供了可能。

图2-2表达了该方案的数据处理流程。

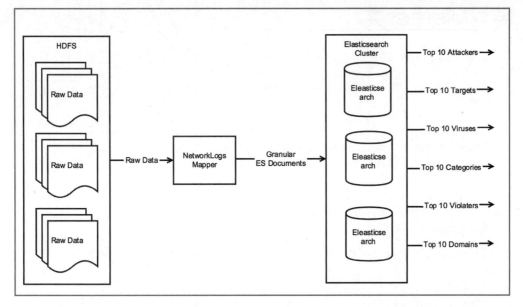

图2-2

使用Elasticsearch，我们可以很方便地进行探索性的数据分析。这种便利性是牺牲存储和计算资源获得的。根据索引的数据不同，Elasticsearch需要额外占用的空间大小也不同。同时，Elasticsearch的复制因子的配置也会影响它的空间占用。类似的，为了完成高性能的聚合查询，我们需要更大的内存。关于这些内容的细节，我们会在后续的章节介绍。

下面让我们来看看如何编写一个MapReduce作业将网络日志导入Elasticsearch。

2.3　开发MapReduce作业

现在我们已经知道如何高效优雅地完成查询需求了。正如上一节的解决方案2中介绍的，我们现在需要编写一个MapReduce作业将数据导入Elasticsearch中。

编写Mapper类

首先，我们看一下Mapper类：

```
public class NetworkLogsMapper extends Mapper<Object, Text, Text,
MapWritable> {

    public void map(Object key, Text value, Context context)
throws IOException, InterruptedException {
        MapWritable map = new MapWritable();
        String line = value.toString().trim();
        String[] parts = line.split(" \\(");
        String keyVals = parts[0].substring(15,
parts[0].length()).trim();
```

上述代码将每条日志解析为两段parts和keyVals，每段包含了多个键值对：

```
        int i = 0;
        StringTokenizer part1tokenizer = new
StringTokenizer(keyVals);
        while (part1tokenizer.hasMoreTokens()) {
            String token = part1tokenizer.nextToken();
            String keyPart = getKeyValue(token)[0];
            String valuePart = getKeyValue(token)[1];
            switch (keyPart) {
                case "src":
                    srcIp = valuePart;
                    break;
                case "dst":
                    destIp = valuePart;
                    break;
                case "id":
                    category = valuePart;
                    break;
                case "act":
                    action = valuePart != null ?
valuePart.toUpperCase() : null;
                    break;
                case "msg":
                    target = valuePart;
                    break;
            }
            i++;
        }
```

上述代码将keyVals中的键值对中对应的键和值抽取出来，分别对应sourceIp、

destIp、category、action和msg字段。

```
                i = 0;
                if (parts.length > 1) {
                        StringTokenizer part2Tokenizer = new
        StringTokenizer(parts[1], ",");
                        while (part2Tokenizer.hasMoreTokens()) {
                                String token = part2Tokenizer.nextToken();
                                String keyPart = getKeyValue(token)[0];
                                String valuePart = getKeyValue(token)[1];
                                switch (keyPart) {
                                        case "sn":
                                                serial = valuePart;
                                                break;
                                        case "ip":
                                                ip = valuePart;
                                                break;
                                        case "tz":
                                                timezone = valuePart;
                                                break;
                                        case "time":
                                                String timeStr = valuePart;
                                                timeStr = timeStr.replaceAll("\\)", "");
                                                SimpleDateFormat dateFormat = new
        SimpleDateFormat("EEE MMM dd hh:mm:ss YYYY");
                                                try {
                                                        time =
        dateFormat.parse(timeStr).getTime();
                                                } catch (ParseException e) {
                                                        e.printStackTrace();
                                                }
                                                break;
                                }
                                i++;
                        }
```

上述代码将parts中的键值对抽取出来，分别对应serial、ip、timezone和time字段：

```
                map.put(new Text("srcIp"), getWritableValue(srcIp));
                map.put(new Text("destIp"), getWritableValue(destIp));
                map.put(new Text("action"), getWritableValue(action));
                map.put(new Text("category"), getWritableValue(category));
                map.put(new Text("target"), getWritableValue(target));
                map.put(new Text("serial"), getWritableValue(serial));
                map.put(new Text("timezone"), getWritableValue(timezone));
                map.put(new Text("ip"), getWritableValue(ip));
```

（续表）

```
        map.put(new
Text("domain"),getWritableValue(getDomainName(target)));
        map.put(new Text("@timestamp"), time != null ? new
LongWritable(time) : new LongWritable(new Date().getTime()));

        context.write(value, map);
```

在对日志中的字段解析完成后，我们就可以将它们写入MapWritable对象了。MapWritable对象需要的键和值都必须是Writable类型的。上述代码将每个字段的Writable版本写入MapWritable对象。最后，它们被写入context对象。

```
    private static WritableComparable getWritableValue(String
value) {
        return value != null ? new Text(value) :
NullWritable.get();
    }
```

上述代码中getWritable()方法传入String类型的参数，返回NULL-SAFE的Writable值。

```
    public static String getDomainName(String url) {
        if(url==null)
            return null;
        return DomainUtil.getBaseDomain(url);
    }
```

以上代码中的getDomainName()方法以URL作为输入参数，返回URL中的域名部分。将URL中的域名抽取出来进行索引，可以让我们进行和域名相关的TOP N计算并进行相关的分析。

总体来看，我们首先获取了一个非结构化格式的网络日志，然后开发了一个简单的程序，将其中包含不同含义的字段信息结构化出来并存储成Elasticsearch的文档。

我们也可以通过Elasticsearch完成数据类型的转换工作。我们将每条日志尾部的时间戳信息转换成了LongWriable对象。

你可能已经留意到我们从来没有在Elasticsearch中显式地声明字段的类型。这是因为Elasticsearch内置了对自动类型匹配的支持。在第一个文档写入Elasticsearch时会触发自动类型匹配机制。Elasticsearch根据传入的值自动检测创建相应的数据类型。

关于Elasticsearch如何对Hadoop中的类型进行自动匹配，请参考表2-1。

表2-1

Hadoop	Elasticsearch类型
NullWritable, null	Null
BooleanWritable	Boolean
Text, MD5Writable, UTF8	String
ByteWritable	Byte
IntWritable, VInt	Int
LongWritable, VLongWritable	Long
FloatWritable	Float
ShortWritable	Short
ArrayWritable	Array
AbstractMapWritable	Object
Text (in ISO8601时间格式)	Date

编写Driver

Driver类看起来和WordCount作业的类很相似。Driver类的代码片段如下：

```
// Create configuration object for the jobConfiguration conf = new
Configuration();
// Elasticsearch Server nodes to point to
conf.set("es.nodes", "localhost:9200");
// Elasticsearch index and type name in {indexName}/{typeName}
format
conf.set("es.resource", "esh_network/network_logs_{action}");
```

我们将es.resource的值设置为esh_network/network_logs_{action}。其中，大括号部分表示使用了ES-Hadoop的动态多源写特性。在这里表示针对一个新的action值创建一个新的索引。其他配置如下：

```
// Create Job instance with conf
Job job = new Job(conf, "network monitor mapper");
```

```
// set Driver class
job.setJarByClass(Driver.class);
job.setMapperClass(NetworkLogsMapper.class);
// set OutputFormat to EsOutputFormat provided by Elasticsearch-
Hadoop jar
job.setOutputFormatClass(EsOutputFormat.class);
job.setNumReduceTasks(0);
FileInputFormat.addInputPath(job, new Path(args[0]));

System.exit(job.waitForCompletion(true) ? 0 : 1);
```

上述代码使用conf对象创建了Job实例。在本示例中，我们不再需要创建outputKeyClass和outputValueClass。另外，我们也不需要Reducer相关的配置。也就是说，Reducer的数目为0。

在这个案例中，我们每天要存储的日志可能达到上百万条。在这种情况下，我们可能期望数据能够分开存储。Elasticsearch支持以SimpleDateFormat格式作为索引或者类型的模板，如下所示：

```
es.resource =
esh_network_{@timestamp:YYYY.MM.dd}/network_logs_{action}
```

这将以每天为频度创建一个新的索引。

编译作业

为了能够编译成可运行的Hadoop JAR文件，我们需要依赖于Hadoop的classpath中的某些JAR包。我们想将其编译为一个内嵌了所有依赖的JAR文件。对于这个作业，这些依赖包括hadoop-core、hadoop-hdfs和elasticsearch-hadoop。

文件pom.xml中的部分配置如下：

```
<dependencies>
    <dependency>
        <groupId>org.apache.hadoop</groupId>
        <artifactId>hadoop-core</artifactId>
        <version>1.2.1</version>
    </dependency>
    <dependency>
        <groupId>org.apache.hadoop</groupId>
        <artifactId>hadoop-hdfs</artifactId>
```

```
        <version>2.6.0</version>
    </dependency>
    <dependency>
        <groupId>org.elasticsearch</groupId>
        <artifactId>elasticsearch-hadoop</artifactId>
        <version>2.1.0</version>
        <exclusions>
            <exclusion>
                <artifactId>cascading-hadoop</artifactId>
                <groupId>cascading</groupId>
            </exclusion>
            <exclusion>
                <artifactId>cascading-local</artifactId>
                <groupId>cascading</groupId>
            </exclusion>
        </exclusions>
    </dependency>
</dependencies>
```

<dependencies>部分声明了hadoop和elasticsearch-hadoop依赖:

```
    <plugin>
        <artifactId>maven-assembly-plugin</artifactId>
        <version>2.2.1</version>
        <executions>
            <execution>
                <id>make-network-logs-job</id>
                <configuration>
                    <descriptors>
                        <descriptor>assembly.xml</descriptor>
                    </descriptors>
                    <archive>
                        <manifest>
                            <mainClass>com.packtpub.esh.nwlogs.
Driver</mainClass>
                        </manifest>
                    </archive>
                    <finalName>${artifactId}-${version}-
nwlogs</finalName>
                </configuration>
                <phase>package</phase>
                <goals>
                    <goal>single</goal>
                </goals>
            </execution>
```

```
      </executions>
    </plugin>
```

上述代码片段中定义了maven-assembly-plugin插件。这个插件可以自定义如何将其编译为JAR文件。加黑的部分表示将Driver类作为JAR的主类。关于如何进行自定义编译的部分配置在assembly.xml中:

```
<assembly>
  <id>job</id>
  <formats>
    <format>jar</format>
  </formats>
  <includeBaseDirectory>false</includeBaseDirectory>
  <dependencySets>
    <dependencySet>
      <unpack>false</unpack>
      <scope>runtime</scope>
      <outputDirectory>lib</outputDirectory>
      <excludes>
        <exclude>${groupId}:${artifactId}</exclude>
      </excludes>
    </dependencySet>
    <dependencySet>
      <unpack>true</unpack>
      <includes>
        <include>${groupId}:${artifactId}</include>
      </includes>
    </dependencySet>
  </dependencySets>
</assembly>
```

配置文件assembley.xml告诉Maven将第三方依赖的JAR包放在lib目录中。

上述方式介绍的是如何将JAR编译为包含了内嵌的所有JAR依赖包的编译方式。另外,你也可以通过以下方式设置HADOOP_CLASSPATH环境变量,将特定的JAR文件添加到classpath中:

```
| HADOOP_CLASSPATH="<colon-separated-
paths-to-custom-jars-including-elasticsearch-hadoop>"
```

指定环境变量之后,在JAR文件运行时需要使用如下命令执行:

```
| $ hadoop jar your-jar.jar -libjars elasticsearch-hadoop.jar
```

配置完pom.xml和assembly.xml，我们就为编译JAR做好了所有的准备工作。切换到pom.xml文件的上一级目录，执行如下命令：

```
$ mvn package
```

执行这个命令之前，我们假定你已经将Maven的二进制文件配置在了$PATH环境变量中。这个命令将会在target目录下生成名称为ch02-0.0.1-nwlogs-job.jar的文件。

上传数据到HDFS

现在，数据文件和JAR文件都准备好了，我们还需要使用以下命令将数据文件上传到HDFS上：

```
$ hadoop fs -mkdir /input/ch02
$ hadoop fs -put data/network-logs.txt /input/ch02/network-logs.txt
```

运行作业

让我们执行作业，对network-log.txt文件进行处理：

```
$ hadoop jar target/ch02-0.0.1-nwlogs-job.jar /input/ch02/network-logs.txt
```

笔者执行的ES-Hadoop统计信息指标如下（其中显示有31 583个文档被ES-Hadoop导入Elasticsearch当中）：

```
Elasticsearch Hadoop Counters
   Bulk Retries=0
   Bulk Retries Total Time(ms)=0
   Bulk Total=32
   Bulk Total Time(ms)=3420
   Bytes Accepted=10015094
   Bytes Received=128000
   Bytes Retried=0
   Bytes Sent=10015094
   Documents Accepted=31583
   Documents Received=0
   Documents Retried=0
   Documents Sent=31583
```

```
Network Retries=0
Network Total Time(ms)=3515
Node Retries=0
Scroll Total=0
Scroll Total Time(ms)=0
```

图2-3显示了在Elasticsearch Head中看到的导入的索引文档信息。

从图2-3中我们可以看到总共生成了两个类型的索引：network_logs_ALLOW和network_logs_BLOCK。这里，ALLOW和BLOCK这两种类型是使用ES-Hadoop的动态写特性自动生成的。

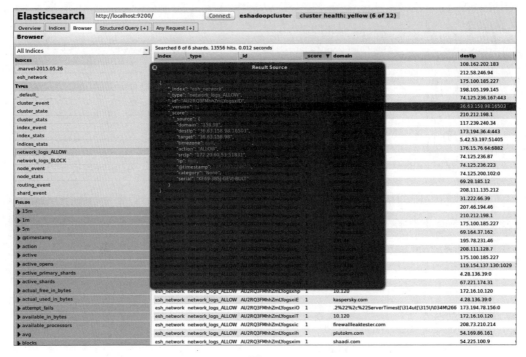

图2-3

查看TOP N结果

我们已经将日志数据索引到Elasticsearch当中，让我们来看一下如何对数据进行

TOP N查询。

为了能够正常地执行Elasticsearch查询，我们需要使用Sense插件或者命令行工具cURL向Elasticsearch发起REST请求。如果你想使用cURL工具，就需要使用以下命令确认系统是否已经正确安装了该工具：

```
$ curl -version
```

为了查看排在前5位的网站类别，可以执行以下查询：

```
$ curl -XPOST http://localhost:9200/esh_network/_search?pretty -d '{
    "aggs": {
        "top-categories": {
            "terms": {
                "field": "category",
                "size": 5
            }
        }
    },
    "size": 0
}'
```

执行上述命令将返回如下结果：

```
{
  "took" : 14,
  "timed_out" : false,
..
..
  },
  "aggregations" : {
    "top-categories" : {
      "doc_count_error_upper_bound" : 26,
      "sum_other_doc_count" : 4036,
      "buckets" : [ {
        "key" : "none",
        "doc_count" : 12316
      }, {
        "key" : "informationtechnology",
        "doc_count" : 8028
```

```
    }, {
      "key" : "portals",
      "doc_count" : 2945
    }, {
      "key" : "global_wl",
      "doc_count" : 2935
    }, {
      "key" : "searchengines",
      "doc_count" : 1323
    } ]
  }
 }
}
```

我们可以把重点放在aggregations部分。我们将在下一章中介绍Elasticsearch的查询语句和响应结果的结构。

2.4 将数据从Elasticsearch写回HDFS

到目前为止，我们已经了解到ES-Hadoop库可以将数据从HDFS导入Elasticsearch的索引当中。但是在某些情况下，我们需要从Elasticsearch获取相关数据进行更加复杂的基于特定主题的分析，这时全文检索引擎的某些特点反而会成为我们的限制。

了解Twitter数据集

Twitter为我们访问它的数据提供了REST API。在Twitter API提供的庞大数据集中，我们重点关注那些带有#elasticsearch和#kibana标签的数据。这个数据集已经导入CSV文件中：

```
"602491467697881088","RT @keskival: We won #IndustryHack
@CybercomFinland #Elasticsearch #Logstash #Kibana #MarkovChain
#AnomalyDetection https://t.co/Iwes6VVSqk","Sun May 24 20:38:54
IST 2015","Cybercom Finland","<a
href=""http://twitter.com/download/iphone""
rel=""nofollow"">Twitter for iPhone</a>"
```

```
"602558729087758336","RT @keskival: We won #IndustryHack
@CybercomFinland #Elasticsearch #Logstash #Kibana #MarkovChain
#AnomalyDetection https://t.co/Iwes6VVSqk","Mon May 25 01:06:10
IST 2015","Ilkka Tengvall","<a
href="""https://about.twitter.com/products/tweetdeck""
rel="""nofollow"">TweetDeck</a>"
"602588512811089920","RT @segnior_david: @doxchile, we are
implementing #RealTimeProgramming @elastic is a pretty awesome
tool, #kibana #kopf #erlang #riak http:…","Mon May 25 03:04:31 IST
2015","Leonardo Menezes","<a
href="""http://twitter.com/download/iphone""
rel="""nofollow"">Twitter for iPhone</a>"
"602799066527997952","5 Great #Reasons to #Upgrade to #Kibana 4 -
Logz.io - http://t.co/N65yWeOYEg #log","Mon May 25 17:01:11 IST
2015","Frag","<a href="""http://getfalcon.pro""
rel="""nofollow"">The Real Falcon Pro</a>"
"602821180467322880","RT @elastic: Kurrently in #Kibana: We're on
the road to 4.1 release. PAUSE for a moment to see new features
http://t.co/ZeTvtkxnBy http://t…","Mon May 25 18:29:03 IST
2015","Luiz H. Z. Santana","<a href="""http://twitter.com""
rel="""nofollow"">Twitter Web Client</a>"
"602825146878009344","Having fun playing around with geo ip
#elasticsearch #logstash #kibana","Mon May 25 18:44:49 IST
2015","Alex Gläser","<a href="""http://twitter.com""
rel="""nofollow"">Twitter Web Client</a>"
"602825343469232128","RT @APGlaeser: Having fun playing around
with geo ip #elasticsearch #logstash #kibana","Mon May 25 18:45:36
IST 2015","search-tech-bot","<a href="""https://roundteam.co""
rel="""nofollow"">RoundTeam</a>"
```

在这个CSV文件中，包含了id、text、timestamp、user、source等字段。

导入Elasticsearch

现在，我们已经大致了解了Twitter数据集的格式。让我们使用类似于WordCount和NetworkLogsMapper的方式将数据导入Elasticsearch。

导入Elasticsearch的文档应该像下面这样：

```
{
    "text": "RT @elastic: .@PrediktoIoT gives users realtime sensor
data analysis w/ #elasticsearch & #Spark. Here's how
http://t.co/oECqzBWZvh http://t…",
    "@timestamp": 1420246531000,
    "user": "Mario Montag",
    "tweetId": "601914318221750272"
}
```

创建MapReduce作业

现在我们应该已经将Twitter数据集导入Elasticsearch的索引中。如果你还没有完成这一部分，那么你可以从源码包中找到target/ch02-0.0.1-tweets2es-job.jar，运行这个命令后将数据导入Elasticsearch中。

你可能想要执行一些更加复杂的分析，比如按照某个标准对推文进行情感分析。你可能想对elasticsearch、kibana、analysis、visualize和realtime中的任意两项进行分析。要完成这个分析，你可能需要对相关的数据执行MapReduce作业。

现在，让我们创建一个作业，从Elasticsearch中查询数据并导入HDFS上。

编写Tweets2HdfsMapper

这里的Tweets2HdfsMapper类将Elasticsearch的文档映射为MapWritable，从而将数据写入HDFS上：

```
public class Tweets2HdfsMapper extends Mapper<Object, MapWritable,
Text, Text> {

    public void map(Object key, MapWritable value, Context
context) throws IOException, InterruptedException {
```

当我们的MapReduce作业需要从Elasticsearch读取数据时，我们将使用MapWritable作为Mapper类的输入，输出则是Text类型，最终被写到HDFS的CSV文件中：

```
        StringBuilder mappedValueBuilder = new StringBuilder();
        mappedValueBuilder.append(getQuotedValue(value.get(new
Text("tweetId")))+", ");
        mappedValueBuilder.append(getQuotedValue(value.get(new
Text("text")))+", ");
        mappedValueBuilder.append(getQuotedValue(value.get(new
Text("user")))+", ");
        mappedValueBuilder.append(getQuotedTimeValue(value.get(new
Text("@timestamp"))));

        Text mappedValue = new
Text(mappedValueBuilder.toString());
        context.write(mappedValue, mappedValue);
    }
```

在上述的代码段中，我们拼接了一个String，它将会输出为CSV文件中的一行数据。它将tweetId、text、user和timestamp以引号引用、逗号分隔，存储为CSV文件。示例文件如下：

```
"601078026596687873", "RT @elastic: This week in @Elastic: all
things #Elasticsearch, #Logstash, #Kibana, community & ecosystem
https://t.co/grAEffXek1", "Leslie Hawthorn", "Wed Dec 31 11:02:23
IST 2015"
    private String getQuotedTimeValue(Writable writable) {
        Date timestamp = new
Date(Long.parseLong(writable.toString()));
        SimpleDateFormat dateFormat = new SimpleDateFormat("EEE
MMM dd hh:mm:ss zzz YYYY");
        return "\""+dateFormat.format(timestamp)+"\"";
    }

    private String getQuotedValue(Writable value) {
        return "\""+value.toString()+"\"";
    }

}
```

上述两个方法可以快速地从Writable中提取出以引号引用的String值和Date值。

现在，让我们编写Driver类。代码如下：

```
public static void main(String args[]) throws IOException,
ClassNotFoundException, InterruptedException {

        // Create Configuration instance
        Configuration conf = new Configuration();
        // Elasticsearch Server nodes to point to
        conf.set("es.nodes", "localhost:9200");
        // Elasticsearch index and type name in  {indexName}/
{typeName} format
        conf.set("es.resource", "esh/tweets");
        conf.set("es.query", query);
```

首先，我们在Driver类中设置了Elasticsearch的节点信息和索引信息。如果需要从Elasticsearch索引中获取数据，我们还需要配置es.query属性。如果不配置es.query属性，ES-Hadoop会把索引中所有的文档以MapWritable类型提供给Mapper类。接下来，我们看如下代码：

```
        // Create Job instance
```

```
        Job job = new Job(conf, "tweets to hdfs mapper");
        // set Driver class
        job.setJarByClass(Driver.class);
        job.setMapperClass(Tweets2HdfsMapper.class);
        // set IntputFormat to EsInputFormat provided by
Elasticsearch-Hadoop jar
        job.setInputFormatClass(EsInputFormat.class);
        job.setNumReduceTasks(0);
        FileOutputFormat.setOutputPath(job, new Path(args[0]));

        System.exit(job.waitForCompletion(true) ? 0 : 1);
    }
```

上述代码中最重要的配置是将setInputFormatClass设置为EsInputFormat.class。这会告诉Hadoop现在是从Elasticsearch中获取数据。ES-Hadoop会把es.query对应的文档作为Mapper的输入。

上面提到的query可能对应类似下面的一个JSON格式的Elasticsearch查询（我们将会在下一章中介绍相关细节）：

```json
{
  "query": {
    "bool": {
      "should": [
        {
          "term": {
            "text": {
              "value": "elasticsearch"
            }

          }
        },{
          "term": {
            "text": {
              "value": "kibana"
            }

          }
        },{
          "term": {
            "text": {
              "value": "analysis"
            }
```

```
          }
        },{
          "term": {
            "text": {
              "value": "visualize"
            }

          }
        },{
          "term": {
            "text": {
              "value": "realtime"
            }

          }
        }
      ],
      "minimum_number_should_match": 2
    }

  }
}
```

属性es.query可以是如下三种格式:

- URI或者参数。例如:

  ```
  es.query = "?q=Elasticsearch"
  ```

- JSON格式的DSL。比如在示例Twiiter2Hdfs中用到的:

  ```
  es.query = { "query" : { "term" : { "text" : "elasticsearch" } } }
  ```

- 外部资源路径。例如:

  ```
  es.query = org/queries/Elasticsearch-tweets-query.json
  ```

如果提供的es.query值无法与URI或者DSL匹配,ES-Hadoop会把这个值解释为路径或者文件名,同时它会在HDFS、classpath或者Hadoop分布式缓存中查找匹配这个路径或文件。只有对应的路径或者文件中包含了正确的URI或者DSL,ES-Hadoop才会匹配成功。

运行示例

在完成了对JAR文件的编译之后，我们就可以运行这个作业将Elasticsearch中的数据加载到HDFS上。

现在我们执行以下命令：

```
$ hadoop jar <LOCATION_OF_JOB_JAR_FILE>/ch02-0.0.1-tweets2hdfs-job.jar /
output/ch02/
```

 需要注意的是，在执行这个命令之前，我们要确认HDFS上没有这个输出目录。但是，在我们重复运行这个作业的时候可能会出现这种情况。这时我们需要改变输出目录，或者先使用haddop fs -rm -r /output/ch02/删除这个目录。

使用我们提供的Twitter样例数据执行这个作业，会有以下输出：

```
Elasticsearch Hadoop Counters
Bulk Retries=0
Bulk Retries Total Time(ms)=0
Bulk Total=0
Bulk Total Time(ms)=0
Bytes Accepted=0
Bytes Received=138731
Bytes Retried=0
Bytes Sent=4460
Documents Accepted=0
Documents Received=443
Documents Retried=0
Documents Sent=0
Network Retries=0
Network Total Time(ms)=847
Node Retries=0
Scroll Total=10
Scroll Total Time(ms)=195
```

在统计信息中，我们可以看到从Elasticsearch中返回了443个文档。

确认输出

首先，让我们检查一下作业执行完成之后是否生成了CSV文件。执行以下命令：

```
$ hadoop fs -ls /output/ch02/
```

命令执行成功之后，我们可以看到以下输出：

```
Found 6 items
-rw-r--r--    1 eshadoop supergroup          0 2015-05-27 23:08 /output/
ch02/_SUCCESS
-rw-r--r--    1 eshadoop supergroup      36494 2015-05-27 23:08 /output/
ch02/part-m-00000
-rw-r--r--    1 eshadoop supergroup      36684 2015-05-27 23:08 /output/
ch02/part-m-00001
-rw-r--r--    1 eshadoop supergroup      38326 2015-05-27 23:08 /output/
ch02/part-m-00002
-rw-r--r--    1 eshadoop supergroup      34090 2015-05-27 23:08 /output/
ch02/part-m-00003
-rw-r--r--    1 eshadoop supergroup      32958 2015-05-27 23:08 /output/
ch02/part-m-00004
```

由于在这个作业中没有Reducer，因此作业生成了和Mapper个数相同的输出文件。

执行以下命令校验输出文件的内容：

```
$ hadoop fs -tail /output/ch02/part-m-00000
```

该命令应该输出如下内容：

```
"914318221750272", "RT @elastic: .@PrediktoIoT gives users realtime
sensor data analysis w/ #elasticsearch & #Spark. Here's how http://t.co/
oECqzBWZvh http://t…", "Mario Montag", "Sat Jan 03 06:25:31 IST 2015"
"6019143182217750272", "RT @elastic: .@PrediktoIoT gives users realtime
sensor data analysis w/ #elasticsearch & #Spark. Here's how http://t.co/
oECqzBWZvh http://t…", "Mario Montag", "Sat Jan 03 06:25:31 IST 2015"

"602223267194208256", "Centralized System and #Docker Logging with
#ELK Stack #elasticsearch #logstash #kibana  http://t.co/MIn7I52Okl",
"Joël Vimenet", "Sun Dec 28 02:53:10 IST 2015"   "602223267194208256",
"Centralized System and #Docker Logging with #ELK Stack #elasticsearch
#logstash #kibana  http://t.co/MIn7I52Okl", "Joël Vimenet", "Sun Dec 28
02:53:10 IST 2015"

"603461899456483328", "#Elasticsearch using in near realtime", "Ilica
Brnadić", "Wed Dec 31 12:55:03 IST 2015" "603461899456483328",
"#Elasticsearch using in near realtime", "Ilica Brnadić", "Wed Dec 31
12:55:03 IST 2015"
```

小结

在本章中，我们通过WordCount示例程序讨论了MapReduce作业的执行过程。同时，我们介绍了使用不同版本的MapReduce的API进行开发。然后，我们针对一个现实世界中的网络日志监控问题进行了研究。现在，你应该已经知道如何使用Elasticsearch的聚合能力解决这个问题了。

另外，你应该已经学会如何通过MapReduce作业将网络日志数据导入Elasticsearch当中。最后，我们学习了如何将Twiiter数据集从Elasticsearch导回到HDFS上。现在，我们对Elasticsearch和Hadoop之间的数据交互应该有了更深的理解和认识。

在下一章中，我们将深入探讨Elasticsearch本身，包括Elasticsearch的映射、索引处理过程以及如何从Elasticsearch中查询数据等。

3

深入理解Elasticsearch

为了更好地发挥基于Elasticsearch、Hadoop和Kibana技术栈的整合分析能力，我们首先需要了解Elasticsearch。本章内容将帮助我们进一步了解Elasticsearch的映射、查询语句、聚合查询等。

在本章中，我们将介绍以下内容：

- 理解搜索
- 与Elasticsearch交互
- 控制索引过程
- Ealstic查询
- 聚合查询

3.1 理解搜索

搜索可以是简单地从文档中过滤出某个字段或者匹配某个子字符串，也可能因业务逻辑需要变得很复杂。这些匹配的工作也可能是对海量数据进行的。

关于搜索的不同类型，我们举例说明。

- **非结构化搜索**：查找有搜索技术、工作经验的候选人。
- **结构化搜索**：查找有5到10年工作经验的候选人。

● **基于地理信息的搜索**：查找在孟买方圆200千米之内的候选人。

● **分析查询**：计算所有候选人的平均工资。

● **组合查询**：计算在孟买方圆200千米之内并有5到10年工作经验的候选人的平均工资。

如果上面的查询基于的数据量不太大，那么在关系型数据库中实现这个查询并不太难。如果查询基于海量数据的非结构化搜索，我们就必须使用一个成熟的、可扩展的搜索引擎。

很多年以来，在对结构/非结构化数据进行复杂的文本搜索时，我们一般都会选择Apache Lucene。Lucene提供了一个功能丰富、低层的查询和索引库。然而，直接使用Lucene非常复杂。对于应用程序开发者来说，如果不了解Lucene底层的细节，要使用它还是比较困难的。

Elasticsearch是一款基于Lucene的面向文档的搜索引擎，具备良好的性能和可扩展性。它对Lucene进行了抽象，屏蔽了它的底层细节，让搜索（包括全文搜索）和分析更容易实现。它不仅具有搜索的功能，还提供了分布式、可扩展和多租户等特性。它的数据类型是非常灵活的，我们可以使用系统提供的默认规则进行匹配，也可以对它进行精确的控制。它提供了支持JSON的RESTful接口，也提供了基于Java、.NET、Groovy、PHP、Perl、Python、Ruby和JavaScript的API。

观念转换

如果你之前具有关系型数据库的背景，那么要理解Elasticsearch，你需要转变观念。要快速上手，你可能需要先了解Elasticsearch的相关术语和索引结构。如果你熟悉关系型数据库，我们把Elasticsearch的概念与数据库中的概念进行类比，可能会对你理解Elasticsearch有所帮助。

让我们看一下Elasticsearch与数据库的类比。

索引

索引是一个逻辑命名空间下不同类型的文档集合。Elasticsearch的索引可以认为是数据库中的一个Schema。对于不同的索引，我们可以应用不同的扩展性和可用性的配置参数。这些参数包括分片的个数、复制因子等。关于分片、复制因子的概念，我们会在后面详细介绍。

Elasticsearch允许一个服务器有多个索引和类型。你也可以动态地创建和删除索引。

类型

Elasticsearch类型是逻辑上具有相同格式的文档集合。类型可以和数据库中表的概念类比。类型属于某个索引，属于某一类型的文档具有相同的字段和数据类型。类型通常表示的是一些实体对象，如推文、雇员、学生、公司和用户等。我们可以强制同一个类型的文档使用相同的数据类型。同一类型的文档逻辑上具有相似性，描述的是同一个实体对象。

Elasticsearch类型下的文档具有相同的字段，但是不同的文档字段数量可以不同。虽然它的数据类型很灵活，可以根据默认的规则进行自动映射匹配，但是在大多数的生产环境中，我们还是需要手动地对数据类型进行定义。因为，在应用程序中，我们需要按照文档的某个字段及其数据类型进行排序。

文档

Elasticsearch的文档是对所描述的实体对象的具体实例化。从某种意义上说，它可以和关系型数据库中的行进行对应。在不同的语言中，它与不同的术语相关。这些术语包括Object、Hash、HashMap、Dictionary等。我们可以使用JSON格式表示大多数对象，其中对象的属性与JSON的字段相对应。

Elasticsearch的文档是一个附加了Elasticsearch特定元数据信息的JSON对象。我们将在后续章节介绍它准确的结构及元数据相关信息。

字段

Elasticsearch的文档包含了以JSON的键值对方式组织的多个字段。字段可以是对象类型、数组类型或者核心数据类型。类型与表对应，文档与行对应，字段与列对应。字段的值也就自然而然地与表中的某行某列的数据单元对应。

3.2 与Elasticsearch交互

Elasticsearch在设计上大大简化了应用程序开发者的工作。它简化到无须任何配置，只需要输入一条命令就可以进行文档的创建。

Elasticsearch的CRUD

Elasticsearch提供了一个REST API来执行create、update、retrieve和delete操作。下面让我们一起来看一下如何在Elasticsearch中执行CRUD操作。

你可以使用cURL工具或者Sense插件来对Elasticsearch执行查询操作。如果你想使用cURL工具，就需要先执行以下命令确认系统已经安装了这个工具：

```
$ curl -version
```

这个命令应该有类似下面的输出：

```
curl 7.35.0 (x86_64-pc-linux-gnu) libcurl/7.35.0 OpenSSL/1.0.1f
zlib/1.2.8 libidn/1.28 librtmp/2.3
Protocols: dict file ftp ftps gopher http https imap imaps ldap ldaps pop3
pop3s rtmp rtsp smtp smtps telnet tftp
Features: AsynchDNS GSS-Negotiate IDN IPv6 Largefile NTLM NTLM_WB SSL
libz TLS-SRP
```

如果cURL已经安装在系统中，你就可以和Elasticsearch进行交互了。

创建文档

让我们使用以下命令向Elasticsearch中索引一个新的文档：

```
$ curl -XPUT http://localhost:9200/hrms/candidate/1?pretty -d '{
  "firstName": "Emerson",
  "lastName": "Atkins",
  "skills": ["Java", "Hadoop", "Elasticsearch"]
}'
```

这个文档会向Elasticsearch发送一个HTTP PUT请求，发送的URL格式为：

```
URL   format:   http://<ES_HOST>:<PORT>/<INDEX_NAME>/<TYPE_NAME>/
<UNIQUE_DOC_ID>.
```

上面的命令执行成功之后应该返回如下响应：

```
{
  "_index":"hrms",
  "_type":"candidate",
  "_id":"1",
  "_version":1,
  "created":true
}
```

响应体中的_index、_type、_id、_version字段都是Elasticsearch的元数据信息，他们也会被写入文档中。其中，created字段表示这个文档是否是一个全新的文档。

 执行这个创建文档的步骤前，我们不需要创建一个叫作hrms的索引，也不需要创建一个叫作candidate的类型。

获取文档

如果想从Elasticsearch中查询我们刚刚索引进Elasticsearch的文档，可以执行以下命令：

```
$ curl -XGET  http://localhost:9200/hrms/candidate/1?pretty
```

现在，你应该可以看到如下响应：

```
{"_index":"hrms","_type":"candidate","_id":"1","_
  version":1,"found":true,"_source":{
  "firstName": "Emerson",
  "lastName": "Atkins",
  "skills": ["Java","Hadoop","Elasticsearch"]
}}
```

响应体中包含了文档的所有元数据信息，而文档的原始内容存储在_source字段当中。

更新文档

如果要更新Elasticsearch中的文档，你可以使用和创建文档完全相同的命令。Elasticsearch会简单地使用新的文档覆盖原有文档。在Elasticsearch底层，文档是不可变的。因此更新文档的过程只是模拟了获取—修改—更新的过程。文档每次更新，元数据中的_version版本号都会递增1。

Elasticsearch也支持对文档的部分更新。比如，你可以使用如下命令为之前创建的文档添加一个新的字段experience：

```
$ curl -XPOST http://localhost:9200/hrms/candidate/1/_update?pretty -d '{
  "doc":{
      "experience": 8
  }
}'
```

现在，新增的字段被添加到了JSON对象的doc字段中。然而，我们需要时刻谨记的是Elasticsearch的文档始终是不可变的，实际上你也没有办法更新它。部分更新也仅仅是提供了语法支持。在本质上，Elasticsearch内部执行了和获取—修改—更新同样的操作。

删除文档

你也可以使用如下命令发送HTTP DELETE请求来删除Elasticsearch中的文档：

```
$ curl -XDELETE  http://localhost:9200/hrms/candidate/1?pretty
```

创建索引

如果你只是想创建一个空索引，就可以在HTTP PUT请求中只指定索引的名称：

```
$ curl -XPUT http://localhost:9200/hrms?pretty
```

然而，执行上述命令会报如下错误，因为这个索引已经在Elasticsearch中存在了：

```
{
  "error": "IndexAlreadyExistsException[[hrms] already exists]",
  "status": 400
}
```

映射

在上一部分中，我们在Elasticsearch中索引了一个新的文档。需要注意的是，在数据被索引到Elasticsearch之前，我们没有显式地指定字段的类型，但是它仍然成功地写入了Elasticsearch。

让我们使用如下命令检查candidate类型的映射：

```
$ curl -XGET http://localhost:9200/hrms/candidate/_mapping?pretty
```

这个命令返回如下映射：

```json
{
    "hrms": {
        "mappings": {
            "candidate": {
                "properties": {
"experience": {
                        "type": "long"
                    },
                    "firstName": {
                        "type": "string"
                    },
                    "lastName": {
                        "type": "string"
                    },
                    "skills": {
                        "type": "string"
                    }
                }
            }
        }
    }
}
```

你可以看到Elasticsearch已经自动生成了字段的数据类型。无论什么时候我们向Elasticsearch中添加一个新的类型或者新的字段，Elasticsearch都会参照需要添加的字段值猜测它的数据类型。

但是有时候依据类型映射自动生成的类型会有问题。例如，刚刚写入的experience字段的类型为long，但是我们希望它的类型是float。在这种情况下，我们应该自己能够定义类型映射关系。这里的映射也不仅仅指的是数据类型，还包括修改默认分析器、指定特定字段的配置信息等。我们将在后续的分析器部分了解到相关内容。

在介绍如何手动创建映射之前，我们先来看一下Elasticsearch支持的数据类型。

数据类型

Elasticsearch支持大多数的核心数据类型，例如：

- string
- byte、short、int和long
- float和double
- boolean
- date

 当让Elasticsearch自动识别数据类型时，它会尽可能使用覆盖范围更大的数据类型。比如，如果字段的值为8，那么它会被识别为long型；如果字段的值8.1，它会被识别为double型。

除了上述数据类型，Elasticsearch还支持JSON格式的对象作为文档的一部分。它也支持数据、内嵌对象、IPv4、地理信息坐标点、地理信息形状类型等。这些内容已经超出了本书讨论的内容范围。虽然如此，在本书后续的例子中也会使用到某些类型。

 Elasticsearch支持开箱即用的数组类型。也就是说，在创建映射的时候，我们不需要显式地声明数组的类型。你只需要将某类型的数组放到相应的类型对应的字段中就可以了。在candidate这个类型的映射中，我们声明了skiils是string类型，所以可以把string数组作为skill字段的值存储。

创建映射

你既可以为一个已经存在的索引创建新的映射，也可以使用PUT请求来添加、修改映射。请看如下代码：

```
$ curl -XPUT http://localhost:9200/hrms/candidate/_mapping?pretty -d '{
  "properties": {
    "experience": {
      "type": "float"
    },
    "firstName": {
      "type": "string"
    },
    "lastName": {
      "type": "string"
    },
    "birthDate": {
      "type": "date",
      "format": "dd/MM/YYYY"
    },
    "salary": {
      "type": "double"
    },
    "skills": {
      "type": "string"
    },
    "address": {
      "type": "object",
      "properties": {
        "street": {
          "type": "string"
        },
        "city": {
          "type": "string",
          "index": "not_analyzed"
        },
        "region": {
```

```
        "type": "string"
      },
      "geo": {
        "type": "geo_point"
      }
    }
  }
}'
```

上述代码为类型candidate创建了一个映射。这个映射中包含了对date、object和geo_point类型的定义。如果在映射中指定了"index":"not_analyzed"，那么相应的字段就不会被分析器拆分。这个字段将作为一个整体存储在反转索引中。

 当我们使用动态更新的Elasticsearch映射时，必须保证在映射中新指定的数据类型和原有的数据是兼容的。

索引模板

在生产环境中，某些索引具有相同的或者类似的属性，这时我们可能希望这些索引使用相同的类型映射。

索引模板可以根据索引的名称匹配索引。当新创建的索引满足对应的索引名称匹配原则时，它会自动应用索引模板中定义的类型映射。请参考如下命令：

```
$ curl -XPUT http://localhost:9200/_template/hrms-template?pretty
 -d '{
  "template": "hrms*",
  "mappings": {
    "candidate": {
      "experience": {
        "type": "float"
      }

    }
  }
}'
```

3.3 控制索引过程

从根本上说，索引的作用是让查询更快。索引起到这个作用最常见的例子是书或者文档的目录。通过目录，我们可以很方便地查看到我们想看的主题、它所在的页数，并迅速地翻到相应的位置阅读对应的内容。

让我们来看一个有关如下两句话的索引示例：

- Elasticsearch is an awesome search engine for fast full-text search and analytics。
- Elasticsearch can help you analyze big volume data quickly。

现在我们创建一个索引，将每个句子中的单词进行拆分，为每个句子添加一个顺序标识ID，如表3-1所示。

表3-1

ID	单词
1	ElasticSearch, is, an, awesome, search, engine, for, fast, full-text, and, analytics
2	ElasticSearch, can, help, you, analyze, high-volume? data, quickly

如果我们想查看哪个文档包含了哪些单词，这个索引非常有效。通过这个索引，我们根据文档的ID可以快速地查到这个句子包含的单词。

但是在现实世界中，我们一般需要的不是根据一个文档的ID查找它所包含的单词。而是恰恰相反，我们需要根据某个单词来查找这个文档。比如，哪个文档包含了fast和search这两个单词、和单词search相关性最高的文档有哪些等。

什么是反转索引

反转索引跟上面的这个索引一样简单，但是需要将其反转过来。在上文的索引中，我们给出了某个特定文档的ID和跟ID相关的单词的对应关系。现在我们反过来，我们考虑某个单词和包含这个单词的文档ID的对应关系。

这样上述索引的表格就变为表3-2所示的形式。

表3-2

单词	文档 ID
ElasticSearch	1,2
is	1
an	1
awesome	1
search	1
engine	1
for	1
fast	1
full-text	1
and	1
analytics	1
can	2
help	2
you	2
analyze	2
big	2
volume	2
data	2
quickly	2

这个索引描述了某个单词和包含这个单词的文档的对应关系。还能够做哪些改进让这个索引更有效呢?

输入数据分析

什么会影响我们搜索文档的能力?什么会影响我们的搜索结果?以下几个方面是我们可以对反转索引进行的优化。

停止词

在索引中存在 is、an、and等一些停止词(stop words)。在进行搜索的时候,我们一般不会使用这些词。所以,这些词可以在索引中删除。

大小写

当你使用Elasticsearch进行查询的时候，可能也希望可以匹配到包含了Elasticsearch的文档。在我们创建索引的时候，可以通过将所有的单词进行小写转换来创建一个大小写不敏感的索引。

词根

单词analyze和analytics具有相同的词根。在索引中我们只需索引一个单词。

同义词

在这个索引中，fast和quickly是同一个意思。因此，创建索引时我们可以使用一个单词代替所有的同义词。在这里我们可以使用fast代替quickly。

经过以上几个步骤的优化处理，我们的反转索引对应表变为表3-3所示的形式。

表3-3

单词	文档ID
elasticsearch	1,2
awesome	1
search	1
engine	1
fast	1,2
full-text	1
analyze	1,2
big	1
volume	1
data	1

Lucene对数据如何被索引进行了精细化的控制，因此Elasticsearch也具备这些特征。Elasticsearch支持通过分析器来控制数据被索引的过程。让我们来看一下上面示例中数据到反转索引的转变过程在Elasticsearch中是如何实现的吧。

分析器

Elasticsearch允许我们在类型映射中为某个字段指定分析器。在我们指定了特定的分析器之后，它会对新加载进索引的数据生效。分析器将输入的文本数据拆分成一个个单词。Elasticsearch将这些拆分后的单词进行存储。当对某个字段进行搜索的时候，Elasticsearch会对搜索条件使用与该字段相同的分析器对搜索条件进行处理。

图3-1展示了Elasticsearch对查询条件和输入的文本数据进行处理的整个过程。

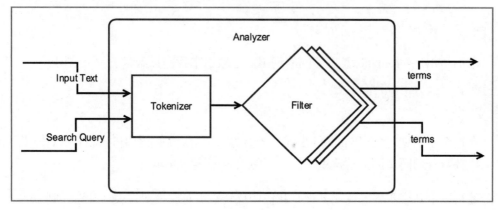

图3-1

 你可以在数据进行索引时指定分析器，也可以在查询时为查询条件指定分析器。理解为二者指定分析器带来的影响，对我们来说是非常重要的。在Elasticsearch中索引数据时，存储占用的空间一般都会比原有数据大，但是使用不同的分析器，存储时空间膨胀程度不同。在查询数据时指定不同的分析器可能会导致在查询的过程中对数据进行额外的转换操作，从而影响查询的性能。

从图3-1中我们可以看出一个分析器（Analyzer）包含一个分词器（Tokenizer）和多个过滤器（Filter）。分词器（Tokenizer）负责对输入文本进行拆分。Elasticsearch内置了一些分词器（Tokenizer），包括whitespace、keyword、lowercase、stardard和n-gram等。经过分词器（Tokenizer）拆分的单词被传入过滤器（Filter）中。过滤器（Filter）会对单词进行添加、删除或者修改操作。它会按照在分析器（Analyzer）中定义的顺序对单词进行处理。Elasticsearch内置了lowercase、n-gram、stop token、snowball等过滤器（Filter）。

Elasticsearch提供了为数不多的几个分析器，包括standard、simple、whitespace、stop、keyword、snowball等。

在下面的示例中，我们将skill字段的分析器修改为simple（simple分析器是一个内置的分析器，使用了lowercase分词器）：

```
{
  "properties": {
    "skills": {
      "type": "string",
      "analyzer": "simple"
    }
  }
}
```

在创建索引时，你也可以为其自定义分析器：

```
$ curl -XPUT http://localhost:9200/hrms?pretty -d '{
  "settings": {
    "analysis": {
      "analyzer": {
        "tweets_analyzer": {
          "tokenizer": "whitespace",
          "filter": ["stop", "lowercase", "snowball"]
        }
      }
    }
  }
}'
```

在上面的示例中，我们使用了whitespace的分词器，这样输入的数据会以空格进行分隔。我们同时使用了stop、lowercase、snowball三个过滤器。其中，stop过滤器会删除文本中的停止词(stop words)，lowercase过滤器会将单词都转换为小写，而snowball使用了词根过滤算法，这将减少英语中具有相同词根的单词。这种方式会减少内存消耗，而且是开箱即用。然而，对于那些非标准的单词，它就处理得没有那么好了。比如，它会将前面我们提到的analysis和analyze作为两个单词对待。

3.4　Elastic查询

到目前为止，我们已经对索引文档、分析器、映射等有了基本的认识。现在让我们来看一下如何对Elasticsearch中的数据进行查询。

编写查询语句

Elasticsearch通过DSL方式支持不同的查询类型。查询最终以HTTP POST的方式向Elasticsearch发送JSON格式的请求。

关于每种查询类型的详细配置和更多细节内容超出了本书讨论的范围，我们强烈推荐你在实际的环境中运行查询操作，以帮助你更好地理解查询行为。https://raw.githubusercontent.com/vishalbrevitaz/eshadoop/master/ch03/data/setup-hrms.sh这个脚本会帮助你在Elasticsearch中生成一个很小的数据集。你可以使用这个数据集来实际运行本节中的查询示例。

URI查询

Elasticsearch允许在HTTP的GET请求中指定一个满足一定规则的查询参数的字符串进行查询。

下面的示例是查询拥有elasticsearch技能的候选人的查询语句：

```
$ curl -XGET http://localhost:9200/hrms/candidate/_search?pretty=true&q=skills:elasticsearch
```

match_all查询

match_all查询是Elasticsearch中最简单的查询。它匹配Elasticsearch中所有的文档。可以使用如下命令：

```
$ curl -XPOST http://localhost:9200/hrms/candidate/_search?pretty -d '{
  "query":{
  "match_all": {}
  }
}'
```

term查询

term查询在反转索引中搜索与输入的查询条件完全匹配的文档。

下面是查询拥有elasticsearch技能的候选人的语句：

```
$ curl -XPOST http://localhost:9200/hrms/candidate/_search?pretty -d '{
```

```
  "query": {
    "term": {
      "skills": {
        "value": "elasticsearch"
      }
    }
  },
"size": 10
}'
```

当我们执行这个查询语句后，它将返回如下结果：

```
{
    "took": 1,
    "timed_out": false,
    "_shards": {
        "total": 5,
        "successful": 5,
        "failed": 0
    },
    "hits": {
        "total": 5,
        "max_score": 2.098612,
        "hits": [
            {
                "_index": "hrms",
                "_type": "candidate",
                "_id": "AU3s4GrOdeMVyAuwkp0R",
                "_score": 2.098612,
                "_source": {
                    "firstName": "Jorden",
                    "lastName": "Mclean",
                    "birthDate": "11/03/1980",
                    "experience": 19,
                    "skills": [
                        "Java",
                        "Hadoop",
                        "Elasticsearch",
                        "Kibana"
                    ],
```

```
        "address": {
            "street": "2751 Ut Rd.",
            "city": "Purral",
            "region": "SJ",
            "geo": "-80.61395, 21.93988"
        },
        "comments": "Passionate Java and BigData developer"
    }
},
..
..
]
}
```

输出的结果中大部分为自描述信息。输出的结果集中包含执行这个请求耗费的时间。另外，在hits部分中包含了总共匹配到的文档的数量和匹配到的文档列表（列表中文档的个数由查询语句中的size决定）。

在查询中，我们使用了小写的elasticsearch，这样可以保证它能够与经过分析器处理过的值精确匹配，因为在倒排索引中存储的已经是小写的elasticsearch了。当我们显式地使用term查询时，输入的查询条件不会被分词器和过滤器处理。

类似的，你可以使用terms查询来进行多个值的精确匹配查询。

boolean查询

boolean查询允许我们模拟AND和OR操作。你可以使用MUST、MUST_NOT和SHOULD操作符来构造boolean查询。MUST/MUST_NOT负责过滤出结果集中满足/不满足条件的数据。默认情况下，SHOULD要检查它的多个条件中至少满足一个才会返回数据。

例如，下述的语句查找住在孟买的有Elasticsearch和Lucene经验的候选人：

```
$ curl -XPOST http://localhost:9200/hrms/candidate/_search?pretty -d '{
  "query":{
    "bool": {
      "must": [
```

```
      {
        "term": {
          "address.city": {
            "value": "Mumbai"
          }
        }
      }
    ],
    "should":[
      {
        "terms": {
          "skills": ["elasticsearch",
"lucene"]
      }
      }
      ]
    }
  }
}'
```

你可以通过设置参数minimum_number_should_match来控制使用SHOULD时至少需要满足的条件个数。

match查询

match查询为我们提供了能够满足基本查询需要的一站式选择。它允许我们查询文本、数字及日期类型，也能够让我们针对查询条件进行更细粒度的操控。

下面的语句查询在备注中包含 "hacking" 或者 "java" 的候选人：

```
$ curl -XPOST http://localhost:9200/hrms/candidate/_search?pretty  -d '{
  "query":{
    "match" : {
      "comments" : {
        "query" : "hacking java"
      }
    }
```

```
  }
}'
```

默认情况下，match查询是一个使用了OR操作符的boolean类型的查询。以上面的查询语句为例，它将返回comments字段中至少包含"hacking"或者"java"中的一个条件的结果集。另外，它还允许我们使用fuzziness参数来进行模糊查询。

通过参数phrase，可以控制其使用match_phrase方式进行查询：

```
$ curl -XPOST http://localhost:9200/hrms/candidate/_search?pretty -d '{
  "query": {
    "match" : {
        "comments" : {
            "query" : "ethical hacking",
            "type" : "phrase"
        }
    }
  }
}'
```

上述的查询语句会依据提供的查询条件的顺序精确匹配comments字段的内容。我们可以指定slop参数间隔多少个词仍然能够进行匹配。比如，将slop设置为1，则使用"ethical hacking"作为查询条件可以匹配到包含"ethical java hacking"的文档。

类似的，我们可以将type的参数指定为phrase_prefix，让查询按照match_phrase_prefix的行为来执行。这种类型的查询允许查询条件中的最后一个词作为文档中词的前缀进行匹配。比如，查询条件为"ethical hack"，也能匹配到索引中包含"ethical hacking"的文档。

range查询

range查询将按照指定的字段值的范围进行匹配。我们可以使用gt、gte、lt和lte操作符来定义这个范围。这几个操作符分别表示大于、大于等于、小于和小于等于。

下面的语句查询有5到10年工作经验的候选人：

```
$ curl -XPOST http://localhost:9200/hrms/candidate/_search?pretty -d '{
  "query":{
```

```
    "range": {
      "experience": {
        "gte": 5,
        "lte": 10
      }
    }
  }
}'
```

wildcard查询

wildcard查询可以在not_analyzed的字段上使用通配符表达式进行查询。你可以使用"*"匹配不限数量的所有字符。另外，"?"也可以匹配所有字符，与"*"不同的是它只能匹配单个字符。

下面的语句查找所有居住城市以"mu"开头的候选人：

```
$ curl -XPOST http://localhost:9200/hrms/candidate/_search?pretty -d '{
  "query": {
    "wildcard": {
      "address.city": {
        "value": "mu*"
      }
    }
  }
}'
```

 查询条件不应该以通配符"*"和"?"开头，否则查询的性能将大大降低。

除了上面介绍的查询类型，Elasticsearch还支持很多不同类型的查询，这些查询包括prefix、fuzzy like this、more like this、common terms、span term、span near term、geo shape等。

过滤器

Elasticsearch执行的是一个相关性搜索。使用Elasticsearch按照某个查询条件进行搜索返回的结果集中不仅仅包含完全匹配查询条件的结果集，还包含跟查询条件接近的结果。Elasticsearch使用Lucene中的计分方法来确定查询条件和返回结果的相似度。本书中不会讨论关于计分方法的细节。

过滤器（Filter）和查询很像，唯一的区别是查询执行的是相关性搜索，而过滤器不是。过滤器不会使用计分的方法返回相似的结果。它只会返回和查询完全匹配的结果。

> 过滤器不会考虑相关性，没有中间关于计分的繁杂运算，它返回的结果很容易缓存在内存中。当我们想按照某个条件进行完全匹配时，我们优先选择使用过滤器，这样可以获得更好的性能。

下面让我们来看两个过滤器。

exists过滤器

这个过滤器可以检查字段中是否存在非NULL值。它可以过滤掉对应的字段为NULL的文档和根本不包含该字段的文档。

以下语句查找achievements字段不为NULL的候选人：

```
$ curl -XPOST http://localhost:9200/hrms/candidate/_search?pretty -d '{
  "query": {
    "filtered": {
      "filter": {
        "exists":{
          "field":"achievements"
        }
      }
    }
  }
}'
```

geo distance过滤器

这个过滤器可以匹配以geo_point坐标点为圆心、以指定的距离为半径的位置。

以下语句查找给定的坐标点方圆50千米范围内的候选人：

```
$ curl -XPOST http://localhost:9200/hrms/candidate/_search?pretty -d '{
```

```
"query":{
  "filtered" : {
      "query" : {
          "match_all" : {}
      },
      "filter" : {
          "geo_distance": {
            "distance": "80km",
            "address.geo" : {
                  "lat" : 23.05,
                  "lon" : 72.97
              }
          }
      }
  }
}'
```

除了上面介绍的两个过滤器，Elasticsearch还支持and、or、bool、ids、geo polygon、range等过滤器。我们可以使用这些过滤器进行非相关性的条件过滤。

3.5 聚合查询

Elasticsearch提供了基于海量数据进行分析的聚合查询模块。聚合查询类似于关系型数据库中的GROUP BY操作和聚集函数。在本节后面的部分我们将介绍通过查询条件过滤数据，并对过滤出的子数据集进行聚合查询。在执行聚合查询的过程中，集群中的每个节点先在本地进行运算，Elasticsearch将获取每个节点的执行结果，并计算出最后的聚合结果。

聚合查询分为以下两类：

● **桶聚合**（Bucketing）：这种类型的聚合类似于SQL语句中的GROUP BY语句。它将文档数据基于给定的规则进行分类。

● 度量聚合（Metrics）：这种类型的聚合类似于SQL中的聚集函数。它对文档中给定的字段进行count、average、sum、percentile等操作。

> Elasticsearch会实时返回计算结果。Elasticsearch聚合查询的结果是准确的，但并不是百分之百精确。在实际使用场景中，大多数情况下这都不算是一个问题。尤其是在对海量数据实时查询时，大概0.5%的误差几乎不是问题。

执行聚合查询

让我们来看一下常用的聚合查询。

terms聚合

我们可以针对某个字段进行terms聚合查询。在查询中，我们可以设置TOP N的N是多少。

以下语句可以查找所有候选人中排名前三的城市：

```
$ curl -XPOST http://localhost:9200/hrms/candidate/_search?pretty -d '{
  "aggs": {
    "candidates_by_region": {
      "terms": {
        "field": "address.city",
        "size": 3
      }
    }
  }
}'
```

执行上述语句可以出现类似下面的结果：

```
{
  "took": 2,
  "timed_out": false,
  "_shards": {
    "total": 5,
    "successful": 5,
```

```
      "failed": 0
   },
   "hits": {
      "total": 13,
      "max_score": 1,
      "hits": [
         {
          …

        …
          }
],
      "aggregations": {
         "candidates_by_region": {
        "doc_count_error_upper_bound": 0,
        "sum_other_doc_count": 3,
        "buckets": [
            {
               "key": "Akron",
               "doc_count": 2
            },
            {
               "key": "New South Wales",
               "doc_count": 2
            },
            {
               "key": "Parramatta",
               "doc_count": 2
            }
         ]
      }
   }
}
```

通过制定_count，你也可以查找出候选人中排名后三的城市：
```
"terms": {
      "field": "address.city",
      "size": 3,

      "order": {
        "_count": "asc"
      }
}
```

返回结果中的hits与聚集的个数一致。同时结果中包含了每个桶的key值和对应的doc_count数。如果你想获取所有的聚集结果，就需要将size参数设置为0。

 进行terms聚合的字段必须是not_analyzed的，否则得到的聚合结果可能有问题。

histogram聚合

为了将结果可视化成直方图的形式，我们需要对某个数值字段按照固定的数值区间进行聚合。Elasticsearch提供histogram聚合来实现这种查询。

在对候选人的查询中，对其工作年限以3年为一个区间进行聚合，并获取相应区间内的候选人的人数：

```
$ curl -XPOST http://localhost:9200/hrms/candidate/_search?pretty -d '{
  "aggs": {
    "cand_exp_dist": {
      "histogram": {
        "field": "experience",
        "interval": 3,
        "min_doc_count": 0
      }
    }
  }
}'
```

range聚合

在histogram聚合中，Elasticsearch使用的是固定的数据区间。而使用range聚合，我们可以为数值或者日期类型指定我们自定义的数值区间进行聚合。

以下示例同样是对候选人的工作年限按照一定的区间进行聚合，只不过这里的数值区间是我们自己定义的：

```
$ curl -XPOST http://localhost:9200/hrms/candidate/_search?pretty -d '{
    "aggs": {
      "cand_exp_dist": {
        "range": {
```

```
        "field": "experience",
        "ranges": [
          {
            "from": 0,
            "to": 3
          },
          {
            "from": 3,
            "to": 7
          },
          {
            "from": 7,
            "to": 10
          },
          {
            "from": 10,
            "to": 20
          }
        ]
      }
    }
  }
}'
```

geo distance聚合

Elasticsearch对geo坐标点提供了丰富的运算支持。geo distance聚合对我们给定的坐标范围内的文档进行聚合运算。

以下查询可以查找出具有elasticsearch工作经验的候选人在以孟买为中心的地域分布情况:

```
$ curl -XPOST http://localhost:9200/hrms/candidate/_search?pretty -d '{
  "query": {
    "term": {
      "skills": {
        "value": "elasticsearch"
```

```
        }
      }
    },
  "aggs": {
    "around_mumbai": {
      "geo_distance": {
        "field": "address.geo",
        "origin": "18.97, 72.82",
        "unit": "km",
        "ranges": [
          {
            "to": 200
          },
          {
            "from": 200,
            "to": 500
          },
          {
            "from": 500,
            "to": 1000
          },
          {
            "from": 1000
          }
        ]
      }
    }
  },
  "size": 10,
  "post_filter": {
    "term": {
      "address.city": "Mumbai"
    }
  }
}'
```

该语句的query部分使用了term查询，在进行聚合操作之前先使用这个条件进行数据过滤。在该语句的post_filer部分也使用了term查询，与query不同的是post_filter对聚合运算之后的数据进行过滤操作。

Elasticsearch还提供了基于geo hash的聚合查询，根据给定的精度对geo坐标点进行hash模糊处理后再查询。geo bounds聚合可以对落在某个边界范围内的数据进行聚合处理。

嵌套聚合

嵌套聚合提供了多维分析的能力，使用它可以进行任意层的嵌套聚合查询。

我们想知道在候选人最多的5个城市中拥有不同技能的候选人的平均工作年限，如果不考虑对城市的排序，可以使用如下SQL语句来表示：

```
SELECT c.city, s.skill, avg(c.experience)
  from candidate c LEFT JOIN candidate_skills s ON c.id=s.cid
  GROUP BY c.city, s.skill
```

如果使用Elasticsearch，可以使用嵌套查询来计算这个结果：

```
$ curl -XPOST http://localhost:9200/hrms/candidate/_search?pretty -d '{
  "aggs": {
    "by_city": {
      "terms": {
        "field": "address.city",
        "size": 5
      },
      "aggs": {
        "by_skill": {
          "terms": {
            "field": "skills",
            "size": 5
        },
          "aggs":{
            "average": {
              "avg": {
                  "field": "experience"
              }
            }
```

```
            }
         }
      }
    }
  },
  "size": 0
}'
```

自测题

让我们尝试写一个Elasticsearch的查询来实现以下需求：按照城市计算候选人的平均薪水，这些候选人至少拥有 "lucene" "elasticsearch" "kibana" 和 "analytics" 中的两项技能，同时他们有5到10年的工作经验。

在本书提供的源代码中提供了这个问题的答案，以供你参考。另外，也可以在https://github.com/vishalbrevitaz/eshadoop/blob/master/ch03/exercise/avg-salary-by-city-request.sh找到答案。

小结

在本章中，我们讨论了Elasticsearch中的基本概念以及在使用Elasticsearch进行搜索时可能遇到的问题。我们学习了如何基于REST API与Elasticsearch进行交互。通过本章的学习，我们还对类型映射有了一定的认识，理解了Elasticsearch中的数据类型可以帮助我们针对不同类型的数据进行查询。

我们现在应该已经知道什么是反转索引，以及如何通过分词器和过滤器在Elasticsearch中索引数据。我们也学习了如何使用内置的分析器，还可以根据需求自定义分析器。

我们通过不同的实际示例了解了Elasticsearch不同的查询类型的使用方法。在本章的最后部分，我们讨论了Elasticsearch强大的聚合能力。

到目前为止，我们已经知道如何在HDFS和Elasticsearch之间进行数据交互，也学习了如何与Elasticsearch进行交互。下一步，我们将通过使用Kibana进行数据可视化，使分析过程变得更简单。

4

利用Kibana进行大数据可视化

随着数据逐渐增长，你可能更想从数据中获取有价值的信息。这不正是你阅读本书的原因么？可视化可以帮助我们以不同的形状、不同的大小、不同的颜色对数据进行图形化的展示。比起用肉眼对数据分析，图形化的展示让我们更容易找到数据潜在的特点和规律。本章介绍的Kibana就是一款基于Elasticsearch的可视化工具。它可以让我们进行数据浏览、数据可视化、数据切片，还可以创建可重用的图表分享给同事。

在本章中，我们将介绍以下内容：

● 安装部署
● 数据发现
● 数据可视化
● 动态图表

4.1 安装部署

为了运行本章中的示例，我们需要安装Kibana，并加载示例数据集。Elasticsearch Kibana 4 提供了一个日志搜索和可视化的Web接口。它的安装程序内置了一个Web服务器，所以安装完成后可以直接运行。

Kibana安装

我们使用以下命令下载Kibana的相应版本：

```
$ cd /opt
$ sudo wget https://download.elastic.co/kibana/kibana/kibana-4.1.0-
linux-x64.tar.gz
```

然后，我们使用以下命令解压Kibana安装包：

```
$ sudo tar -xvf kibana-4.1.0-linux-x64.tar.gz
$ sudo mv kibana-4.1.0-linux-x64 kibana
```

现在，我们需要将Elasticsearch服务器的相关信息在Kibana中进行配置。使用文本编辑工具打开位于/opt/kibana/config/kibana.yml的配置文件，修改其中的port、host、elasticsearch_url参数。参数修改样例如下所示：

```
# Kibana is served by a back end server. This controls which port to use.
port: 5601

# The host to bind the server to.
host: "localhost"

# The Elasticsearch instance to use for all your queries.
elasticsearch_url: "http://localhost:9200"
```

> Kibana自身的元数据信息以索引的形式存储在Elasticsearch中。如果你想很好地管理不同用户的不同项目工作空间，你可以使用多个Kibana连接同一个Elasticsearch集群。默认情况下，Kibana的元数据在Elasticsearch中存储的索引的名称为".kibana"，当使用多个Kibana连接同一个Elasticsearch集群时，它们的元数据的索引名称可能冲突。这时，需要修改配置文件中的kibana_index参数，为不同的Kibana指定不同的名称。

准备数据

Kibana的作用是对存储在Elasticsearch中的索引进行展示。首先我们需要准备好数据，并将其导入Elasticsearch中。

我们将使用从https://raw.githubusercontent.com/vishalbrevitaz/eshadoop/master/ch04/
data/consumer_complaints.csv下载到的样例数据。这个数据集是由http://catalog.data.gov/
dataset/consumer−complaintdatabase提供的开放数据。这个数据集的内容是消费者对美国
的金融产品和服务机构的投诉信息。

部分样例数据如下：

```
45356,113533,Credit card,,Billing statement,,OH,Web,07/08/12,07/10/12,GE
Capital Retail,Closed with non-monetary relief,Yes,No,40.156514,-84.24213
45356,318164,Bank account or service,Checking account,Deposits and withdr
awals,,OH,Web,02/17/2013,02/19/2013,Fifth Third Bank,Closed with monetary
relief,Yes,No,40.156514,-84.24213
45358,686842,Credit card,,Other,,OH,Phone,01/27/2014,02/05/14,Citibank,Cl
osed with explanation,Yes,No,39.986011,-84.48651
45359,432559,Mortgage,Conventional fixed mortgage,"Loan modification,colle
ction,foreclosure",,OH,Web,06/14/2013,06/17/2013,Bank of America,Closed
with explanation,Yes,Yes,40.053483,-84.35202
45365,410959,Mortgage,Conventional fixed mortgage,"Loan servicing,
payments, escrow account",,OH,Web,05/19/2013,05/20/2013,Citibank,Closed
with explanation,Yes,Yes,40.284855,-84.15974
45365,185400,Bank account or service,Checking account,Deposits and withd
rawals,,OH,Phone,11/06/12,11/08/12,Fifth Third Bank,Closed with monetary
relief,Yes,Yes,40.284855,-84.15974
```

这个CSV的样例数据格式是这样的：

```
ZipCode, ComplaintID, Product, SubProduct, Issue, SubIssue, State,
SubmittedVia, DateReceived, DateSent,Company, CompanyResponse,
TimelyResponse, ConsumerDisputed, Latitude, Longitude
```

自测题

我们建议你编写一个MapReduce作业将数据导入Elasticsearch中。你需要特别注意
字段的类型映射。这个数据集包含了不同的数据类型，如string、boolean、date、geo_
point等。对于其中的issue和subissue字段，为了满足我们基于这两个字段不同的可视化
需求，我们可能需要分别存两份，一份是not_analyzed的，一份可以满足全文检索的需
求。

在本书提供的代码包中提供了MapReduce作业的代码和索引的类型映射，以供参
考。如果你无法自己开发这个程序，也可以直接使用源代码编译成JAR文件，将数据

导入Elasticsearch中。在进入下一部分之前，你需要将示例数据集上传到HDFS，并通过MapReduce作业将数据加载到Elasticsearch中。

启动Kibana

现在我们已经对Kibana进行了相关的配置，将数据集导入到了Elasticsearch当中。完成了上面两个步骤，我们就可以使用如下命令启动Kibana了：

```
$ /opt/kibana/bin/kibana
```

在这个命令执行完成之后，如果使用了默认配置，就可以在浏览器中输入http://localhost:5601来打开Kibana的主界面。主界面加载完成后，Kibana将会要求你选择一个用于可视化的Elasticsearch索引，并指出哪个字段是时间字段。

图4-1为Kibana的索引配置界面。

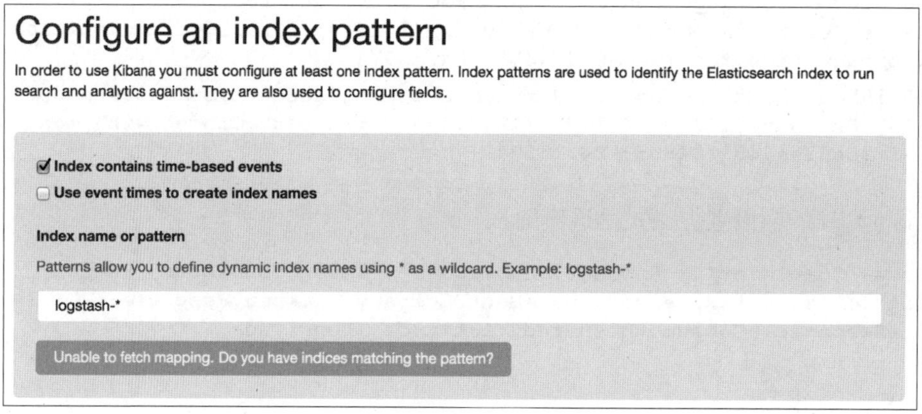

Configure an index pattern

In order to use Kibana you must configure at least one index pattern. Index patterns are used to identify the Elasticsearch index to run search and analytics against. They are also used to configure fields.

☑ **Index contains time-based events**
☐ **Use event times to create index names**

Index name or pattern

Patterns allow you to define dynamic index names using * as a wildcard. Example: logstash-*

```
logstash-*
```

Unable to fetch mapping. Do you have indices matching the pattern?

图4-1

在图4-1中，我们配置了esh_complaints索引，并指定dateSent字段为时间戳字段。

> 如果你想配置的索引不是单个索引，而是具有类似名称的多个索引，你可以使用通配符来匹配。比如，esh_complaints*将配置所有以esh_comlaints开头的索引。使用了通配符之后，Kibana会将它们作为一个索引对待，对所有索引的数据进行查询，并返回合并的结果。

4.2 数据发现

现在，我们已经在Kibana中配置了Elasticsearch的索引。在对这些数据进行可视化之前，我们先浏览一下导入到Elasticsearch中的这个索引。

Kibana提供了非常简单的浏览数据方式，而且允许我们使用时间戳和查询过滤器来过滤数据。其中，查询过滤器可以接收Lucene的查询语法。单击菜单中的Discover页签，就可以对数据进行浏览了。

图4-2显示的是没有数据的Discover页面。

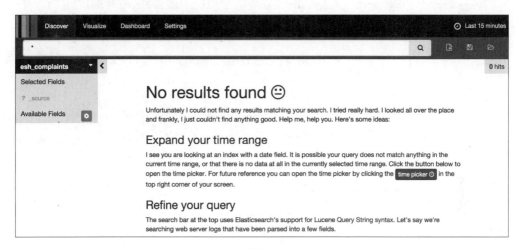

图4-2

怎么会这样？你猜是哪个地方出问题了？如果你不知道，也不必担心。当你不太清楚数据中有什么时这也是正常的。感谢Kibana的开发人员对于为什么没有数据进行了友好的提示。图4-2的第一个提示就是要扩大时间区间。因此，让我们点开右上角的按钮看看里面的配置项。

图4-3显示了时间区间配置面板。

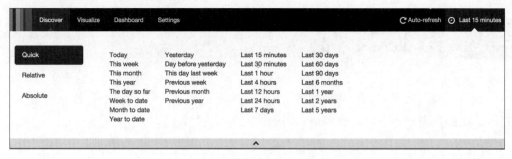

图4-3

你可以选择不同的时间过滤器，使用与当前时间的相对时间或绝对时间。对于我们使用的数据集来说，我们使用"Last 5 years"过滤器。

图4-4展示了"Discover"页签显示的数据。它列出了过去5年所有的投诉。

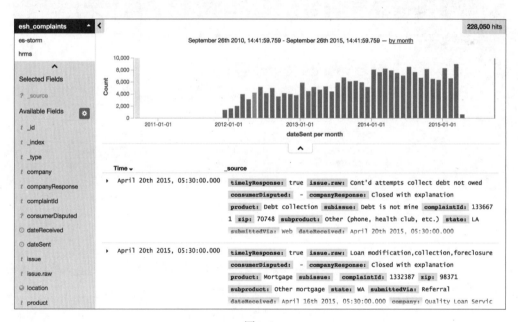

图4-4

图4-4的柱状图展示的是按照月份统计的用户投诉数量的直方图。我们可以通过图上方的"by month"改变统计的粒度。另外，我们还可以通过单击或者选择一部分区域实现图表的缩放。

在柱状图的下侧显示的是_source和Time字段的数据。在左侧栏中，Kibana提供了这个索引的字段列表，每个字段前边有一个复选框，你可以通过是否选中或者取消选中复选框来决定是否在右侧对数据进行展示。你还可以通过点开某一行以表格或者JSON格式显示这行的所有字段。

图4-5是在Discover页面查看到的某行数据对应的所有字段及内容。

如果你只想查看与"loan"或者"mortgage"相关的文档，你只需要在文本输入框中输入相关内容就可以对其进行过滤了。Kibana将用输入的关键词对Elasticsearch索引中所有的字段进行匹配，并在结果中高亮显示关键字信息。同时，上方相应的柱状图中的数据也进行了关联更新。

▲ April 20th 2015, 05:30:00.000	1332387		Mortgage		Loan modification,collection,foreclosure
Table JSON					Link to /esh_complaints/complaints/AU89Hib6E2xL0yMazTA0
_t_ _id	⊕ ⊖ ▢	AU89Hib6E2xL0yMazTA0			
_t_ _index	⊕ ⊖ ▢	esh_complaints			
_t_ _type	⊕ ⊖ ▢	complaints			
_t_ company	⊕ ⊖ ▢	Quality Loan Service Corporation			
_t_ companyResponse	⊕ ⊖ ▢	Closed with explanation			
_t_ complaintId	⊕ ⊖ ▢	1332387			
? consumerDisputed	⊕ ⊖ ▢	-			
⊘ dateReceived	⊕ ⊖ ▢	April 16th 2015, 05:30:00.000			
⊘ dateSent	⊕ ⊖ ▢	April 20th 2015, 05:30:00.000			
_t_ issue	⊕ ⊖ ▢	Loan modification,collection,foreclosure			
_t_ issue.raw	⊕ ⊖ ▢	Loan modification,collection,foreclosure			
⊕ location	⊕ ⊖ ▢	47.196272, -122.31577			
_t_ product	⊕ ⊖ ▢	Mortgage			

图4-5

图4-6是以"loan"为查询关键词搜索出的结果。

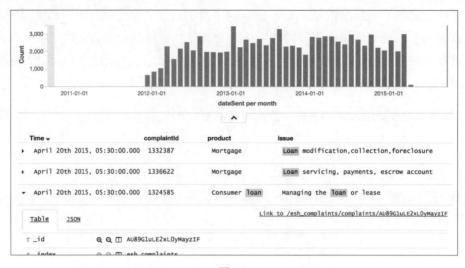

图4-6

你可以使用Lucene的语法进行查询。此处列出了如下示例。

- 对issue字段的AND操作：issue(collect AND debt)
- 对issue字段的OR操作：issue(payments OR loan)
- 对dateSent字段的RANGE操作：dateSent[01/01/2012 TO 12/31/2012]
- MUST and MUST NOT: This specifies (+loan −payments)
- 接受拼写错误的模糊查询：collection~

你也可以把搜索栏中输入的这些搜索条件保存下来，在后续的查询中使用它们。

4.3 数据可视化

我们已经知道了如何浏览和搜索数据。现在我们来看一下如何通过Kibana支持的不同图表来解答问题。

为了创建一个新的图表，我们需要在Kibana上单击"Visualize"页签，这样我们就可以看到Kibana支持的不同类型的图表了。

图4-7显示了单击"Visualize"页签后列出的Kibana支持的图表类型。

Create a new visualization

		Step 1
▲	Area chart	Great for stacked timelines in which the total of all series is more important than comparing any two or more series. Less useful for assessing the relative change of unrelated data points as changes in a series lower down the stack will have a difficult to gauge effect on the series above it.
▦	Data table	The data table provides a detailed breakdown, in tabular format, of the results of a composed aggregation. Tip, a data table is available from many other charts by clicking grey bar at the bottom of the chart.
📈	Line chart	Often the best chart for high density time series. Great for comparing one series to another. Be careful with sparse sets as the connection between points can be misleading.
</>	Markdown widget	Useful for displaying explanations or instructions for dashboards.
▦	Metric	One big number for all of your one big number needs. Perfect for show a count of hits, or the exact average a numeric field.
🥧	Pie chart	Pie charts are ideal for displaying the parts of some whole. For example, sales percentages by department.Pro Tip: Pie charts are best used sparingly, and with no more than 7 slices per pie.
📍	Tile map	Your source for geographic maps. Requires an elasticsearch geo_point field. More specifically, a field that is mapped as type:geo_point with latitude and longitude coordinates.

图4-7

我们可以看到一些经常使用的图表类型，其中有一些类型已经在之前的示例中使用过。

饼图

让我们先来回答一个简单的问题：哪个公司被投诉最多？

这个问题跟上一章中的问题是不是有点类似？是的。我们可以使用聚合来解决这个问题。针对这个问题，我们可以对company字段进行terms聚合，查询出排名最高的公司。

我们需要做的就是准备好这个terms聚合查询语句和一个饼图。你可以通过以下步骤创建这个图表：

1. 在"Visualize"选项卡的"Create a new visualization"页面中选择"Pie chart"。

2. 在创建向导的下一页中选择"From a new search"，Kibana会生成一个饼图。

图4-8显示的是Kibana刚刚生成的饼图，这个饼图是依据_all字段创建的。

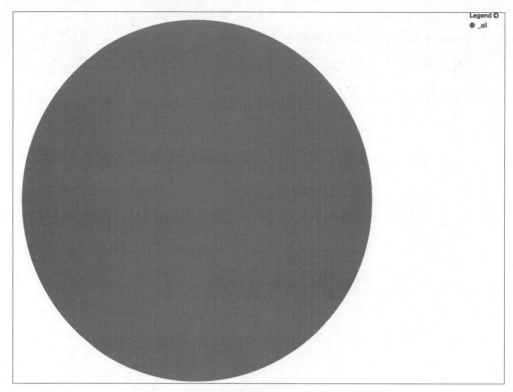

图4-8

这个依据_all字段画出来的饼图是一整个。让我们按照以下步骤做进一步处理：

1. 在左侧栏的"Data and Options"部分，Kibaba提供了不同的统计和计算方式，包括Sum、Unique Count、Average、Percentile和Percentile Rank等。我们需要根据不同的图表类型和所基于的字段的不同类型选择不同的统计和计算方式。在这个例子中，我们需要选择count。

> 点开左侧栏的"Options"部分，就可以发现这里能选择不同的图表类型。也就是说，通过这里的选项我们可以把一个饼图直接转换成一个环形图。

2. 在左侧栏的"Buckets"中选择"Split Slices"。

3. 这时Kibana会提示我们选择聚合的类型，这里选择"Terms"。

4. 然后在字段下拉列表中选择company字段。我们可以选择TOP/Bottom N来决定数据的排序及显示的记录条数。

5. 单击左侧栏的 "Apply" 按钮，让刚才的修改和配置生效。

图4-9显示了投诉排名前5的公司的饼图。

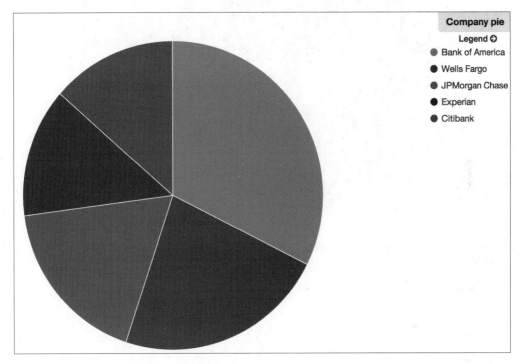

图4-9

单击饼图下侧的箭头，我们还可以看到对应的表格格式的数据。另外，也可以看到Kibana向Elasticsearch发送的查询请求、得到的响应及相关的统计信息，如图4-10所示。

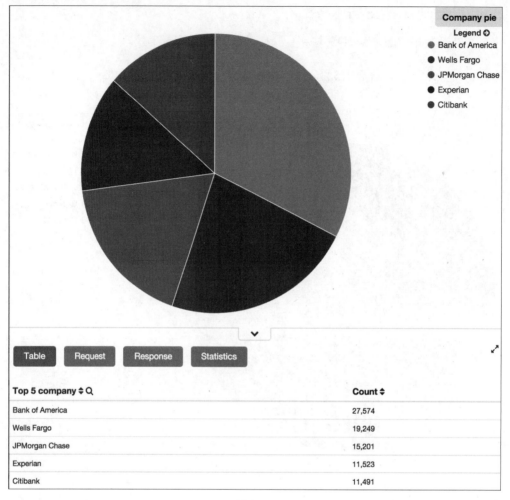

图4–10

堆积柱状图

让我们来考虑这么一个问题：在投诉最多的5个公司中，它们被投诉的主要问题是什么。

这里，我们需要统计这5个公司的投诉类型。你是否想起了之前介绍的对多个维度进行聚合统计的内容？如果你想起来了，一定很开心。使用嵌套聚合可以对数据进行多个维度的统计分析。

我们按照跟饼图类似的方式完成以下步骤:

1. 首先，在"Visualize"页签选择"Vertical bar chart"。

2. 在聚合类型中选择"Terms"，字段选择"company"作为坐标轴的x轴。

3. 然后，单击"Add sub-bucket"选择"Split Bars"。

4. 选择"Terms"聚合类型，字段选择"issue.raw"，生成该图。

图4-11显示了投诉最多的前5个公司各自的投诉类型。

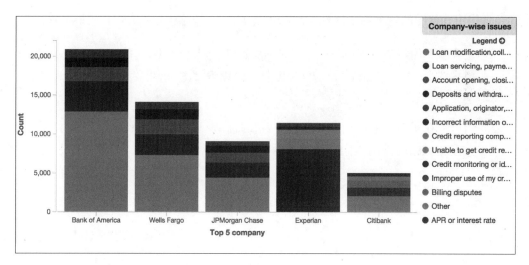

图4-11

从这张图中我们可以清晰地看到大多数公司投诉的类型为"Loan modification, collection and foreclosure"。与它们不同的是Experian公司的主要投诉类型是和"credit reporting"相关的。

在针对两个变量的不同值进行比较的时候，使用图的方式展示多维分析的结果是一个不错的方式。这样更直观，也更能看清楚数据的特点。

通过单击搜索框右侧的"Save"图标可以把这个图保存下来，保存后的图可以进行重用。比如这张图就可以添加到日常监控的面板上进行重用。我们后续做出的图都可以保存下来，在我们需要的时候把它们添加到仪表盘上。

> 如果你只关心不同值所占的比例，而不关心具体的数量，你可以在左侧栏的"Options"中选择"Bar mode to percentage"。

使用堆积柱状图完成日期直方图

让我们来看另外一个问题：在某个时间区间内，不同的产品有多少投诉？

针对这个问题，我们需要考虑时间和产品这两个维度。我们可以对dateSent字段进行基于日期的histogram聚合，对product字段进行terms子聚合。在图上将dateSent作为x轴，而使用柱状图的每个柱子体现产品的不同类型。我们需要完成以下几个步骤：

1. 首先，我们需要创建一个"Vertical bar chart"，聚合类型选择"Date Histogram"，字段选择"dateSent"。另外，我们也可以设置时间间隔，精度最小为秒、最大为年。

2. 然后，在子聚合中设置聚合类型为"Terms"、字段为"product"。这样就可以展示出某一时期内不同产品的投诉数量。

图4-12显示了每月不同产品的投诉数量。

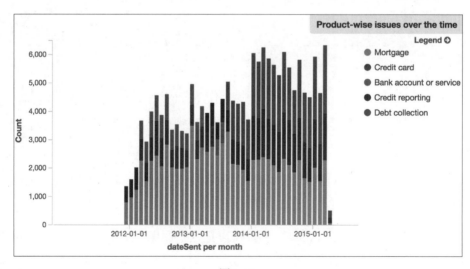

图4-12

这张图可以帮助我们了解在不同时期对不同产品的投诉趋势。在图中可以看到，从2013年中期开始出现"Debt collection"类型的投诉，同一时期"Bank account and service"类型的投诉不再出现在前几位的排名中。

 在使用这种类型的图时，为了避免视觉干扰，我们建议某个柱子上的类型不要选择太多，2到3个就可以了，否则我们的肉眼无法迅速直观地判断出趋势的变化。

面积图

让我们来看这个问题：在同一时间区间内，不同州的投诉数量是多少？

我们不只是对某个时间区间内不同类型的投诉占比感兴趣，同时还关注总的投诉数量，这时可以选择面积图。如果你只是想对不同类型投诉数量进行相对比较，不想了解总的投诉数量，选择折线图可能更好一些。

无论我们选择哪种类型的图表，都应该清楚Kibana屏蔽了这些图表的复杂性，为我们提供了统一的方式来生成不同的图表。针对我们提出的这个问题，我们可以利用面积图按照上面几张图的类似配置过程完成。

图4-13显示了不同时期内不同州的投诉数量变化。

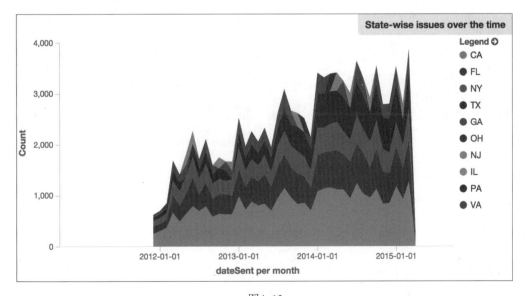

图4-13

饼图组图

让我们考虑以下问题：投诉最多的8个州中每个州中排名前5的公司在该州占的比例是多少？

理论上来说，我们之前讨论的很多类型的图都可以满足这一需求。然而，从众多类型的图中选择一个最贴切的来表达也是需要慎重考虑的。为了直观地展示8个不同州的投诉公司占比而不被其他细节干扰，我们为每一个州使用一个单独的饼图进行展示。在添加桶（bucket）时使用"split chart"选项，Kibana可以为我们生成一组饼图。我们可以按照以下步骤进行：

1. 首先，我们创建一个饼图，使用"split chart"选项添加一个桶（bucket）。

2. 然后，我们希望每个州使用单独的饼图展示，所以我们对state字段使用terms聚合。

3. 在"split slices"下添加一个子桶（sub-bucket），其中配置对company字段使用terms聚合。

最终生成的图如图4-14所示。

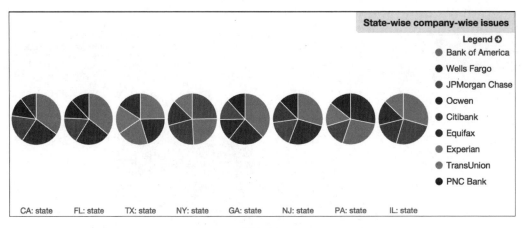

图4-14

环形图

让我们考虑这样一个问题：投诉最多的5个州中，每个州被投诉最多的5个产品的分布是什么样的?

环形图可以通过一个图表达多个维度信息。根据用户不同的需求,环形图可以方便地展示两个甚至三个维度的信息。

你可以使用与前面类似的步骤创建圆环图。先创建一个饼图,分别为state和product字段添加两个子桶(sub-bucket),在"Options"中把类型选择为"Donut"。

图4-15中的环形图显示了投诉排名前5的州中,每个州对应的投诉最多的5个产品分布情况。

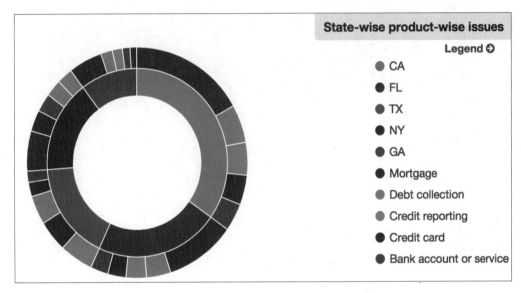

图4-15

瓦片地图

让我们来考虑另外一个问题:这些投诉在地理位置上的分布是怎样的?

Kibana支持对geo_point类型的字段基于地图进行可视化展示。如果要进行这样的可视化展示,我们需要选择"Tile Map"类型。然后,对location字段进行"Geohash"聚合。这个基于地理位置的分布图就生成了。

对结果的运算使用了Geohash聚合。在本示例中,根据我们选择的精度不同,进行聚合的单位运算区域也随之变化。你可以通过放大或者缩小地图来查看投诉在地图上的分布粒度。

Kibana基于地图提供了不同的可视化形式，包括heatmap、scaled marker、shaded circle marker和shaded grid等。你可以在"Options"中选择不同的可视化方式。

图4-16为基于地图展示的投诉分布情况。

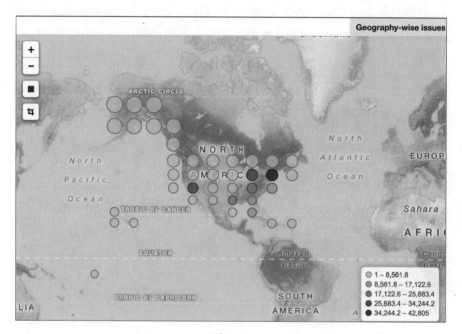

图4-16

 除此之外，Kibana还支持创建UI组件，包括数据表、markdown挂件和metric等。稍后我们会介绍如何将这些组件添加到仪表盘中。

自测题

你已经学会了回答对不同的变量进行关联的问题。练习是最好的学习方式。你可以尝试找到不同的消费者争议的规律吗？什么是影响消费者争议的关键因素？你可能想尝试针对consumeDisputed字段与不同的变量关联来寻找其中的规律。

4.4 动态图表

你可能需要频繁地监控各种图表，使用Kibana可以非常方便地创建一个仪表盘来统一展示这些报表。我们可以创建一个自动刷新的仪表板来重用之前创建的图表。

要创建仪表盘，需要以下步骤：

1. 首先，导航到"Dashboards"页签，单击工具栏上的"New dashboard"按钮，我们应该可以看到一个空白的仪表盘。

2. 现在，单击"+"按钮，向仪表盘添加之前保存的图表。

3. 最后，将过滤出来的"Product-wise issues"添加到仪表盘中。它将作为一个挂件显示在仪表盘中。

图4-17显示了搜索图表向仪表盘添加的面板。

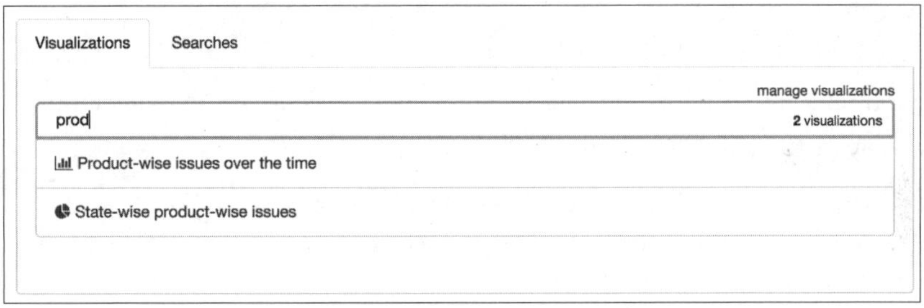

图4-17

你既可以通过拖动挂件的右下角来调整挂架的大小，也可以按照类似的方式向仪表盘中添加最关心的图表，并按照需要把它们放在合适的位置。

图4-18使用了我们本章前面介绍的图表创建的仪表盘。

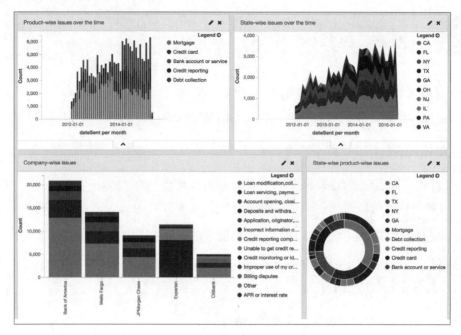

图4-18

我们已经导出了这个仪表盘的JSON文件，你可以在本书的源码包中找到它，也可以到https://github.com/vishalbrevitaz/eshadoop/blob/master/ch04/setup/complaints-dashboard.json下载这个文件。通过将这个JSON文件导入Kibana，你可以得到跟我们图中展示的一模一样的仪表盘。后面我们会介绍如何将JSON文件导入Kibana。

图4-19显示的是仪表板的另外一部分。

我个人最喜欢的Kibana仪表板特性是全局过滤选项，也就是说数据过滤条件的变化在仪表盘中所有的图上都会体现出来。我们在数据发现一节中学些的所有数据过滤方法都可以在这里使用。你也可以使用基于Lucene语法的查询过滤器和时间过滤器。现在我们输入"loan"，仪表盘中所有的图都会根据过滤出的数据重新计算。

如果打算监控实时的流数据，你也可以设置自动刷新的时间间隔。你可以单击右上角的"Auto-refresh"按钮进行相关设置。

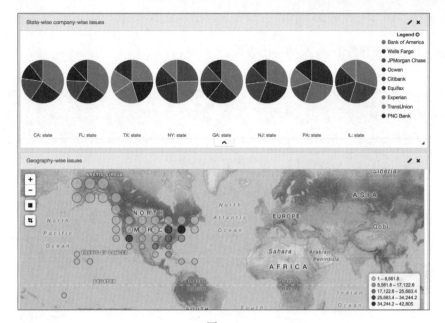

图4-19

图4-20展示了对自动刷新时间间隔进行设置的面板。

图4-20

> 你可以通过将仪表盘嵌入Web页面的方式或者通过链接的方式把仪表盘分享给那些对这些数据关注的相关人员。你可以通过单击工具栏中的"Share"按钮获取分享仪表盘的代码。

仪表盘迁移

如果你想把本地的仪表盘迁移到开发环境、测试环境或者生产环境上，通过Kibana提供的导入导出功能，你可以与同事共享仪表板的整个配置信息。

如果你需要导出仪表板配置信息，就需要导航到"Setting"页签，单击"Objects"

子页签，显示导入/导出界面。你可以选择想导出的仪表盘或者导出全部仪表盘。

图4-21为仪表盘配置的导入/导出界面。

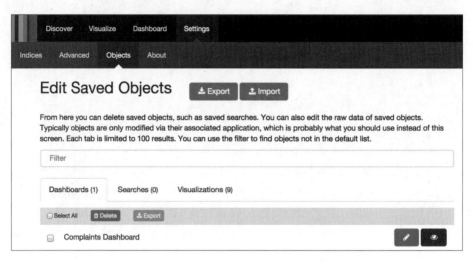

图4-21

导出的JSON文件是可读的，你可以通过同样的方式将其导入其他服务器上。

小结

通过本章学习，我们对数据的展示有了一个全新的认识。我们了解了如何快速浏览Elasticsearch中的数据。我们通过不同类型的图对数据进行各种角度的可视化展示。我们学习了饼图、柱状图以及基于时间序列的图等。它们通过可视化不同变量之间的关联关系，充分体现了Kibana的数据分析能力。我们为频繁使用的图创建了一个仪表盘，同时也介绍了如何对仪表盘进行分享和迁移。

到目前为止，我们已经知道了如何将HDFS上的数据导入Elasticsearch中，并通过Kibana对Elasticsearch中的数据进行可视化分析。在下一章中，我们将学习如何使用Elasticsearch和Apache Storm进行实时分析。基于实际的案例，我们将了解如何使用Elasticsearch解决机器学习中的分类问题、数据挖掘问题和异常检测问题。

5

实时分析

我们已经了解了如何以批处理方式对不同的数据源进行数据采集、分析和可视化。如果缩短分析的时间周期可以节省时间和金钱成本，那么实时分析就非常有必要了。当金融交易的交易量骤减或者某些商品的库存量变得太小时，我们希望立刻就能看到数据分析的结果来寻找原因，而不是让数据在晚上经历批处理任务，第二天才能从分析师那里看到分析的报告。

在本章中，我们会讨论如何使用Apache Storm将数据导入Elasticsearch并进行实时分析。在很多场景下我们将要介绍的这些Elasticsearch高级特性会成为我们的瑞士军刀。

在本章中，我们将介绍以下内容：

- 了解Twitter趋势分析器
- 将流式数据接入Storm
- 趋势分析
- 使用Percolator对推文分类

5.1　了解Twitter趋势分析器

要学习一个东西最好的方式就是运用它。这也正是我们本章要做的。所以，让我们先来了解一下本章要做的东西。

实现目标

Twitter是可能包括你的客户在内的很多人发表自己见解的地方。通过从海量的推文中分析特定的关键字或者话题可以进行趋势分析。在本章中，我们将使用Apache Storm和Elasticsearch开发自己的Twitter趋势分析器。当然，中间还需要使用ES-Hadoop来做这两个组件的整合。

通常情况下，趋势分析器可以根据关键字或者话题展示其趋势。比如，#elasticsearch和#apachestorm就是上个月的热门话题。我们还可以找出像Big　Data这样更高级别的热门话题。这个趋势其实是通过字符串进行精确匹配，将所有大数据生态系统的术语进行聚合得到的。类似地，我们可以通过添加和某个类别相关的关键词或者话题来创建一个新的类别。我们将使用分类技术来对流式的推文数据进行类别匹配。不止如此，你还可以以天、周、年等不同的时间周期来查看趋势。

图5-1是我们要开发的趋势分析器的整理流程图。

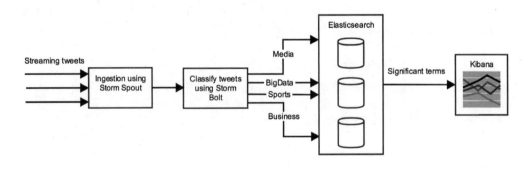

图5-1

如图5-1中显示，我们将使用Storm　Spout来接收实时推文数据，将数据按照不同类别分类之后导入Elasticsearch中，在Elasticsearch中使用segnificant　terms聚合计算出不同的趋势，然后使用Kibana进行展示。这个流程看起来挺简单，然而基于海量数据完成这个处理流程并不容易。同样的，分类的过程也不简单。我们将使用Elasticsearch中的Percolator来解决分类问题。

我们需要先安装Apache Storm，用它来接收数据，并把数据导入Storm。

Apache Storm安装

Apache Storm是一个分布式实时计算引擎。它可以对那些Hadoop使用批处理模式处理的数据进行实时计算。

使用如下命令下载Apache Storm的相应版本（撰写本书时，Storm的稳定版本是0.9.5）：

```
$ cd /usr/local
$ sudo wget http://www.apache.org/dyn/closer.cgi/storm/apache-storm-0.9.5
/apache-storm-0.9.5.tar.gz
```

使用如下命令将下载的文件解压到storm目录：

```
$ sudo tar -zxvf apache-storm-0.9.5.tar.gz
$ sudo mv apache-storm-0.9.5 storm
```

通过如下命令在~/.bashrc文件中将storm二进制添加到PATH变量中：

```
$ export PATH=$PATH:/usr/local/storm-0.9.5/bin
```

我们现在安装的storm是以本地模式安装的。如果你需要在生产环境中以集群模式安装storm，就需要安装Zookeeper，还需要独立的nimbus和supervisor。

5.2 将流式数据接入Storm

很多读者可能已经对Storm有了充分的了解。但是，在这里我还是要对那些不太了解Storm的读者进行一个简单的介绍。

Storm为流式数据提供了一个实时计算框架。因此，流是Storm的数据抽象，是由无限制的tuple组成的序列。在Storm术语中，tuple是流式数据的一个单元。

Storm作业的工作组件包括spout和bolt。spout是流的数据源，而bolt消费这些流。你可以通过对spout和bolt进行级联生成topology。topology是我们可以向集群提交执行的顶层抽象。

图5-2是一个Storm的topology示例，显示数据是如何从数据源经过处理并存储的。

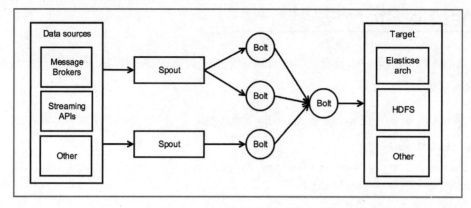

图5-2

现在我们编写一个Storm作业，它负责监听实时的推文数据，并把它们导入Elasticsearch中。简单起见，我们只是实现简单的监听功能，不对推文进行分类处理，直接把我们需要的数据导入Elasticsearch中。

图5-3显示了我们将要实现的Twitter趋势分析器的topology。

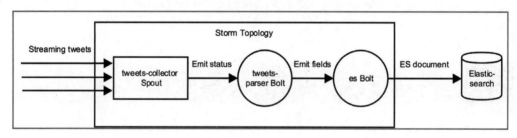

图5-3

编写Storm spout

我们使用Twitter4j API接收实时的Twitter数据流。然后，我们创建了一个状态监听器，它负责接收twitter4j.Status对象中的推文。

从如下代码片段中可以看到监听类是在Storm spout中以内部类的形式定义的：

```
public class TweetsCollectorSpout extends BaseRichSpout {

    String consumerKey = "<YOUR_KEY>";
```

```
String consumerSecret = "<YOUR_SECRET>";
String accessToken = "<YOUR_TOKEN>";
String accessTokenSecret = "<YOUR_TOKEN_SECRET>";
String[] keyWords = {};
```

在上述代码中，我们创建的类TweetsCollectorSpout继承了Apache Storm提供的BaseRichSpout类。我们初始化了Twitter API认证需要的相关变量。为了消费Twitter API，我们需要提供注册应用程序时得到的用户key和secret。另外，我们还需要访问令牌的key和secret。你可以访问https://dev.twitter.com/获取更多的相关信息。

```
SpoutOutputCollector collector;
LinkedBlockingQueue<Status> queue = null;
TwitterStream twitterStream;

@Override
public void open(Map conf, TopologyContext context,
SpoutOutputCollector collector) {
    queue = new LinkedBlockingQueue<Status>(1000);
    this.collector = collector;

    StatusListener listener = new StatusListener() {
        public void onStatus(Status status) {
        queue.offer(status);
    }
        …
        …
    };
    // Get TwitterStream instance
    // Register StatusListener with TwitterStream
    // Configure OAuth access tokens
    ..
```

要接收Twitter的数据流，我们需要实现twitter4j API中的StatusListener接口，使用StatusListener接口的onStatus()方法可以获取用户实时发送的推文。我们在初始化spout时初始化了这个监听器。你也可以在BaseRichSpout中的open()方法中写自定义的spout初始化代码。另外，我们还需要使用spout的nextTuple()方法从StatusListener中接收推文。为了实现这个目的，我们需要将推文写入LinkedBlockingQueue，然后在nextTuple()中轮询这个队列。然后，我们创建了一个TwitterStream，将监听器传入刚刚创建的数据流，把用户应用证书和访问令牌相关信息也传进去。这个数据流可以随机获取推文数据。另外，我们也可以通过指定关键字对推文进行过滤。其他相关的代码不是我们本章关注的重点，所以并没有体现在上述代码中。

下面列出nextTuple()方法和declareOutputFields()的代码：

```
public void nextTuple() {
    Status status = queue.poll();
    if (status == null) {
        Utils.sleep(50);
    } else {
        collector.emit(new Values(status));
    }
}

public void declareOutputFields(OutputFieldsDeclarer declarer)
{
        declarer.declare(new Fields("tweet"));
}
```

Storm通过spout中的nextTuple()方法获取下一个tuple。在nextTuple()中，我们对推文队列进行轮询，然后调用SpoutOutputCollector中的emit()方法将轮询的结果传入后续的bolt中。另外，我们还需要在declareOutputFields()方法中声明输出字段。

我们向下一个bolt传输的只是一个简单的String类型的status消息，请看如下代码：

```
@Override
public Map<String, Object> getComponentConfiguration() {
    Config config = new Config();
    config.setMaxTaskParallelism(5);
    return config;
}
```

在上述代码中，我们还可以设置任务的并行度。

编写Storm bolt

Storm bolt接收spout发送的字段tweet的tuple。TweetsParserBolt解析推文，抽取出相应字段，然后将字段提交到topology中的下一个bolt。

以下是TweetsParserBolt将数据提交给EsBolt的代码片段：

```
public class TweetsParserBolt extends BaseRichBolt {
private OutputCollector collector;

public void prepare(Map stormConf, TopologyContext context,
OutputCollector collector) {
        this.collector = collector;
```

```
    }
```

在上述代码中，我们创建的TweetsParserBolt类继承了BaseRichBolt。在prepare()方法中提供了相应的OutputCollector实例。

```
@Override
public void execute(Tuple input) {
    …
    …

        Status status = (Status) input.getValueByField("tweet");

        String tweet = status.getText();
        String source = status.getSource();
        Date createdDate = status.getCreatedAt();
        HashtagEntity entities[] = status.getHashtagEntities();
        long retweetCount = status.getRetweetCount();
        long favoriteCount = status.getFavoriteCount();
        UserMentionEntity mentions[] = status.
getUserMentionEntities();
        String lang = status.getLang();

    // Extract hashtags
        if (entities != null) {
            for (HashtagEntity entity : entities) {
                String hashTag = entity.getText();
                hashtagList.add(hashTag);
            }
        }
    …
    …
```

我们可以覆盖BaseRichBolt的execute()方法进行逻辑处理。在上述代码中，我们只是从Status中抽取了我们感兴趣的字段。

```
if("en".equalsIgnoreCase(lang)){
        System.out.println("Emitting : " + userHandle+" -> "+
tweet);
        collector.emit(input, new Values(user, userHandle, tweet,
createdDate, location, country, strHashtag, source, lang,
retweetCount, favoriteCount, strUserMention));
    }
```

为了避免非英文字符对分析的影响，我们仅仅过滤出英文推文索引到Elasticsearch中。最后，我们将处理后的值发送给EsBolt。请参考如下代码：

```
public void declareOutputFields(OutputFieldsDeclarer declarer) {
        declarer.declare(new Fields("user", "userHandle", "tweet",
                "time", "location", "country", "hashtags",
"source",
                "lang", "retweetCount", "favoriteCount",
"mentions"));
    }
```

和本节前面介绍的类似，declareOutputFields()方法负责将我们选择的字段发送给EsBolt。

创建Storm topology

正如我们前面介绍的，Storm topology把spout和bolt处理流程连接起来，构造了一个流程图。

让我们创建一个topology来实现spout和bolt的相互通信：

```
public class Topology {

    public static void main(String[] args) throws
InterruptedException {

        TopologyBuilder builder = new TopologyBuilder();
        builder.setSpout("tweets-collector", new
TweetsCollectorSpout(),1);
        builder.setBolt("tweets-parser-bolt", new
TweetsParserBolt())
                .shuffleGrouping("tweets-collector");
```

在上述代码中，我们在TopologyBuilder对象中设置了TweetsCollectorSpout和TweetsParserBolt。我们使用tweets-parse-bolt的shuffleGrouping()方法来监听tweets-collector的tuple。

```
        Map config = new HashMap();
        builder.setBolt("es-bolt", new EsBolt("es-storm/storm-
tweets",config))
.shuffleGrouping("tweets-parser-bolt")
.addConfiguration(Config.TOPOLOGY_TICK_TUPLE_FREQ_SECS, 2);

        LocalCluster cluster = new LocalCluster();
        cluster.submitTopology("twitter-test", null,
```

```
builder.createTopology());
    }
}
```

ES-Hadoop提供了单独的EsSpout和EsBolt与Elasticsearch进行数据交互。在上述代码中，我们使用EsBolt接收来自tweets-parse-bolt的tuple。最后，我们调用TopologyBuilder对象的createTopology()方法创建了一个topology实例，然后使用submitTopology()方法向集群提交这个topology。

编译运行Storm作业

我们可以使用Maven将其编译成内置了JAR依赖的JAR文件。

编译成功之后，我们就可以使用以下命令来运行Storm作业。在执行该命令之前需要先启动运行Elasticsearch：

```
$ storm jar <PATH_TO_JAR>/ch05-0.0.1-job.jar com.packtpub.esh.streaming.
Topology
```

我们执行的上述命令将引导Storm和Zookeeper服务器、启动worker，并且让spout和bolt做好准备接收推文。下面的文本片段就是Storm作业启动后控制台的输出信息。在这段文本的后半部分我们可以看到数据被导入Elasticsearch并在控制台打印输出：

```
16048 [Thread-11-tweets-collector] INFO  backtype.storm.daemon.executor
- Opening spout tweets-collector:(3) 16081 [Thread-13-tweets-parser-
bolt] INFO  backtype.storm.daemon.executor - Preparing bolt tweets-
parser-bolt:(4) 16085 [Thread-13-tweets-parser-bolt] INFO  backtype.
storm.daemon.executor - Prepared bolt tweets-parser-bolt:(4) 16100
[Thread-9-es-bolt] INFO  backtype.storm.daemon.executor - Preparing
bolt es-bolt:(2) 16108 [Thread-17-__acker] INFO  backtype.storm.daemon.
executor - Preparing bolt __acker:(1) 16108 [Thread-15-__system] INFO
backtype.storm.daemon.executor - Preparing bolt __system:(-1) 16116
[Thread-17-__acker] INFO  backtype.storm.daemon.executor - Prepared
bolt __acker:(1) 16120 [Thread-15-__system] INFO  backtype.storm.daemon.
executor - Prepared bolt __system:(-1) 16211 [Thread-11-tweets-collector]
INFO  backtype.storm.daemon.executor - Opened spout tweets-collector:(3)
16213 [Thread-11-tweets-collector] INFO  backtype.storm.daemon.executor
- Activating spout tweets-collector:(3) 16213 [Twitter Stream consumer-
1[initializing]] INFO  twitter4j.TwitterStreamImpl - Establishing
connection. 16982 [Thread-9-es-bolt] INFO  org.elasticsearch.hadoop.
util.Version - Elasticsearch Hadoop v2.1.0.Beta4 [2c62e273d2] 16982
[Thread-9-es-bolt] INFO  org.elasticsearch.storm.EsBolt - Writing to
```

```
[es-storm/storm-tweets] 17028 [Thread-9-es-bolt] INFO  backtype.storm.
daemon.executor - Prepared bolt es-bolt:(2) 19823 [Twitter Stream
consumer-1[Establishing connection]] INFO  twitter4j.TwitterStreamImpl
- Connection established. 19823 [Twitter Stream consumer-1[Establishing
connection]] INFO  twitter4j.TwitterStreamImpl - Receiving status stream.
```

5.3　趋势分析

在将推文导入Elasticsearch之后，我们就可以利用Elasticsearch的分析能力来对推文进行分析。在对推文的分析中，我们着重对趋势进行分析。

在进行趋势分析之前，我们首先要知道什么是趋势。趋势就是某件事情在某个时间区间、某个地理位置出现得有多频繁的描述。换句话说，通过趋势我们可以发现平常中的异常。我们将在普通的场景中寻找某些隐藏其中的变化。

这样的过程也叫作异常检测。它从整个数据集中找出哪些数据和整体数据表现的特性是偏离的。我们把整个数据集称为背景数据集，而我们感兴趣的某个时间区间或者某个地理位置的数据被称为前景数据集。比如，在1000000推文的背景数据集中，单词Dornier大约出现1次，然而某一天的前景数据集的100条推文中，这个单词出现了5次。这就表示这一天这个单词出现了异常。

significant term聚合

Elasticsearch的significant term聚合对异常检测提供了开箱支持。

现在我们基于导入Elasticsearch中的推文数据集进行日趋势变化的查询：

```
$ curl -XPOST -d http://localhost:9200/es-storm/_search
{
  "size": 0,
  "query": {
    "range": {
      "time": {
        "gte": "now-1d",
```

```
          "lte": "now"
        }
      }
    },
    "aggs": {
      "significant_hashtags": {
        "significant_terms": {
          "field": "hashtags",
          "size": 3
        }
      }
    }
  }
}
```

在上述查询中，基于范围的查询过滤出了前景数据，而索引中所有的文档都被作为了背景数据。你也可以使用background_filter来过滤背景数据。

在笔者的测试环境中，上面的查询语句返回如下结果：

```
{
  "took": 31,
  "timed_out": false,
  ...
  ...,
  "aggregations": {
    "significant_hashtags": {
      "doc_count": 42760,
      "buckets": [
        {
          "key": "ohnoharry",
          "doc_count": 381,
          "score": 0.03435635054048922,
          "bg_count": 381
        },
        {
          "key": "otrasandiego",
          "doc_count": 228,
```

```
        "score": 0.018093820892682595,
        "bg_count": 252
    },
    {
        "key": "msgblessedbygod",
        "doc_count": 190,
        "score": 0.01713308819604449,
        "bg_count": 190
    }
  ]
 }
 }
}
```

返回的结果中，doc_count和bg_count分别表示在前景数据集和背景数据集中匹配到的文档个数。其中的score是基于前景数据集和背景数据集匹配到的文档数计算出来的排名。

 significant term聚合使用了子聚合，在进行基于某个匹配项，基于地理位置或者基于范围的异常时非常有用。

使用Kibana分析趋势

让我们使用Kibana来查看Twitter趋势分析器的趋势变化情况。我们将使用子聚合来创建一个柱状图查看最近一天、最近一周、最近一年的趋势变化情况。执行步骤如下：

1. 在Kibana的"Visualize"选项卡中选择"Vertical bar chart"。

2. 在x轴中选择time字段中的"Date Range Aggregation"。

3. 添加最近一天、最近一周、最近一年三个时间范围。

4. 使用"Split Bars"添加子聚合，对hashtags进行significant term聚合。你可能不想对所有推文的话题进行展示。

5. 选择想展示的话题个数，这里我们选择4。

6. 在"Options"选项卡中将"Bar Mode"设置为percentage。

7. 生成图表。

> 为了使图表中展示的结果更有意义，我们需要让Storm作业跑得时间稍微长一点，采集到足够多的数据。另外，你在选择图表的数据范围时也需要与采集的数据时间范围相对应。比如，我们需要看基于月的趋势变化，至少需要一到两个月的背景数据。

图5-4显示了我们按照最近一天、最近一周、最近一年生成的趋势变化图。

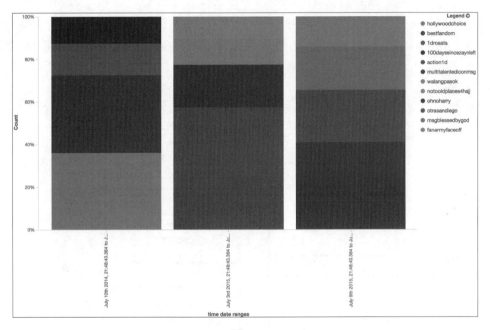

图5-4

5.4 使用Percolator对推文分类

到目前为止，我们已经开发了一个非常简单的趋势分析器。在5.1节中，我们讨论的趋势分析器不止限于按照话题进行分析，功能更复杂。在本节中，我们将修改Storm的bolt，对传入的实时数据进行分类处理。我们通过检查推文的话题是否满足某个标准来对其进行分类。基于这个标准，我们将相应的文档标记为某个类别。

Percolator

我们可以使用Elasticsearch查询来执行分类的标准。当数据存入Elasticsearch时，我们可以使用Percolator对文档进行匹配。

通常情况下，当进行查询时，我们需要向搜索引擎提交查询语句，搜索引擎就会把匹配到的文档返回给我们。Percolator与普通的查询过程完全相反。普通的查询过程要求文档需要被索引在Elasticsearch中，而Percolator则要求Elasticsearch查询需要事先被索引在Elasticsearch中。普通的查询过程是根据查询去匹配文档，而Percolator则是根据文档来匹配索引在Elasticsearch中的查询。

图5-5展示了Percolator是如何工作的。

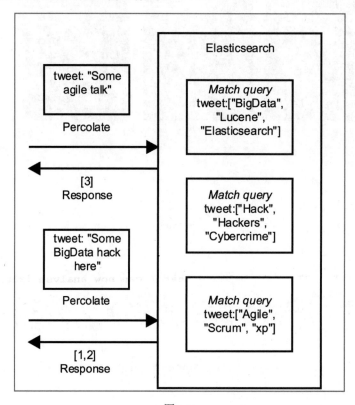

图5-5

在图5-5中我们可以看到Elasticsearch是如何将不同的查询本身索引在Elasticsearch中的。我们定义了"Big Data""Hacking"和"Agile"三个不同的分类标准。当我们进行查询时，Elasticsearch会从已经被索引的查询中匹配到对应的查询，然后把匹配到的查询返回。

创建Percolator查询只需要在Elasticsearch索引中添加一个新的文档。这个文档也以JSON的格式索引在Elasticsearch中。

如下命令展示了如何创建"Big Data"类别的Percolator查询：

```
$ curl -XPOST 'http://localhost:9200/es-storm/.percolator/1
{
    "query" : {
        "match" : {
            "tweet" : "bigdata analytics hadoop spark elasticsearch
eshadoop nosql mongo mongodb cassandra hbase titan orientdb neo4j storm
pig hive cloudera hortonworks"
        }
    }
}'
```

当执行上述命令时，我们将会创建一个匹配"Big Data"生态系统关键词的Percolator查询。

另外一个问题是如何执行这个Percolator查询。这个查询可以根据文档提供与定义在Percolator中的查询匹配的能力。这也意味着我们在Percolator查询请求中需要提供文档本身。请看以下命令：

```
$ curl -XGET 'http://localhost:9200/es-storm/storm-tweets/_percolate'  -d
'{
    "doc" : {
        "tweet" : "I can't believe that I can now analyse trends from the
hadoop data in a snap using Elasticsearch-Hadoop."
    }
}'
```

上述的_percolate请求会对我们在请求体中的文档与我们已经创建的Percolator查询进行匹配。返回结果如下：

```
{
```

```
"took": 31,
"_shards": {
    "total": 5,
    "successful": 5,
    "failed": 0
},
"total": 1,
"matches": [
    {
        "_index": "es-storm",
        "_id": "1"
    }
]
}
```

在上述返回结果中，matches字段列出了所有与我们提供的文档匹配的percolator查询，而_id字段指的是我们创建Percolator时使用的id。

 要得到上述结果，需要已经在相应的索引上创建了对应的Percolator。

Percolator优化

在上一部分中，我们使用了一个"Big Data"的Percolator查询。在这个查询中，我们使用了一系列与"Big Data"相关的关键词，但是要确定和某个类别相关的关键词也不太容易。最好的方式是从用户发送的推文中寻找。要人工对全部推文进行分析来确定与某个类别相关的关键词是不切实际的。使用Elasticsearch的significant term聚合可以在推文中找出比"Big Data"出现更频繁的并且和"Big Data"相关的关键词。我们在创建Percolator查询时可以以这些高频词作为参考。

现在，让我们来回答一个问题：在包含"bigdata hadoop spark elasticsearch eshadoop nosql"任何词的推文中找出出现频率最高的单词。

以下是查询语句：

```
$ curl -XPOST http://localhost:9200/es-storm/storm-tweets/_search -d '
{
```

```
  "query": {
    "match": {
        "tweet": "bigdata hadoop spark elasticsearch eshadoop nosql"
      }
  },
  "aggs": {
    "bigdata_suggestions": {
      "significant_terms": {
        "field": "tweet"
      }
    }
  },
  "size": 0
}'
```

当我们执行上述查询时，我们可以得到analytics、mining、data warehouse和ETL这些关键词，这些词和这个类别并不相关，却为人工选择关键词提供了参考依据。我们根据包含某些关键词的推文查询出频度高的单词，然后针对包含高频单词的推文进行迭代查询，这样就把关键词选择变成了一个需要很少人工干预的自学习过程。

推文分类

使用Percolator，我们可以将文档与Percolator查询匹配。我们可以把Percolator的id映射为相应的分类名称。

我们将在之前创建的TweetsPasrserBolt中实现分类功能。以下是在ElasticSearchService类中实现Percolator查询的代码示例：

```
public class ElasticSearchService {

    private TransportClient client;

    public ElasticSearchService(){
        Settings settings = ImmutableSettings.settingsBuilder()
                .put("cluster.name", "eshadoopcluster").build();
        this.client = new TransportClient(settings);
        client.addTransportAddress(new InetSocketTransportAddress("lo
calhost", 9300));
    }
```

上述代码在该类的构造函数中创建了一个TransportClient来与Elasticsearch集群建立连接。

```
public List<String> percolate(Map map){
    List<String> ids = new ArrayList<String>();
    PercolateRequest request = new PercolateRequest();
    request.indices("es-storm");
    request.documentType("storm-tweets");
    ActionFuture<PercolateResponse> responseFuture =
client.percolate(request.source(map));
    PercolateResponse response = responseFuture.actionGet();
    PercolateResponse.Match[] matches = response.getMatches();
    for(PercolateResponse.Match match: matches){
        ids.add(match.getId().toString());
    }
    return ids;
}
```

percolate()方法将文档以java.util.Map对象的形式传入PercolateRequest。PercolateResponse包含了与文档匹配的查询的id。

现在我们调用percolate()方法对推文进行分类，具体调用在classify()方法中：

```
private String classify(String tweet) {
        StringBuilder categoriesBuilder = new StringBuilder();
        ElasticSearchService service = new ElasticSearchService();
        Map<String, Object> main  = new HashMap<String, Object>();
        Map<String, Object> doc  = new HashMap<String, Object>();
        doc.put("tweet",tweet);
        main.put("doc",doc);
        List<String> ids = service.percolate(main);
        for(String id :ids){
            categoriesBuilder.append(getCategoryName(id)+" ");
        }
        return categoriesBuilder.toString();
    }

public String getCategoryName(String id) {
        switch (id) {
            case "1":
                return "BigData";
            case "2":
                return "Relational Database";
            case "3":
                return "Sports";
```

```
        case "4":
            return "Agile";
        case "5":
            return "Business";
        default:
            return "Other";
    }
}
```

我们为将要索引在Elasticsearch中的文档添加category字段。前面的classify()方法以推文文本作为输入参数，返回以空格分隔的该推文所属的所有类别的字符串。该方法中构造了一个Map对象作为percolate()的输入参数。在getCategoryName()方法中实现了percolate()返回的类别id与类别名称的对应关系。

你也可以重新运行修改过的Storm作业，确认一下新写入的文档是否包含了category字段、category字段中是否包含了类别名称信息。你可以使用如下查询查看最近一周的推文类别趋势变化情况：

```
$ curl -XPOST -d http://localhost:9200/es-storm/_search
{
  "size": 0,
  "query": {
    "range": {
      "time": {
        "gte": "now-1w",
        "lte": "now"
      }
    }
  },
  "aggs": {
    "significant_categories": {
      "significant_terms": {
        "field": "categories",
        "size": 3
      }
    }
  }
}
```

如果你仍然想在Kibana中对趋势进行可视化展示，你需要在配置选项卡中重新加载索引的字段列表，让我们新增的category字段信息也体现在Kibana中。

小结

在本章中，我们讨论了如何在本地环境中进行Storm的安装。我们使用Twitter趋势分析器作为示例介绍了如何对实时的流式数据进行实时分析。我们创建了Storm spout和bolt来获取并处理推文。我们还创建了Storm topology，在其中使用ES-Hadoop的EsBolt配置了spout和bolt，完成将推文导入Elasticsearch的过程。我们使用Elasticsearch中的significant term聚合进行趋势发现和异常检测。我们还使用Percolater存储的查询对文档进行分类。

在下一章中，我们将进一步理解Elasticsearch和ES-Hadoop中的重要概念，这些概念包括分片、副本、数据托管和其他高级配置参数。理解这些概念和参数可以帮助我们更好地在生产环境中使用Elasticsearch和ES-Hadoop。

6

ES-Hadoop配置

到目前为止，我们已经使用ES-Hadoop完成了与HDFS的数据交互和接收流式数据。我们也学些了如何使用复杂查询从Elasticsearch中获取数据。但是，我们还没有讨论集群安装，分片，副本等更细节的问题。Elasticsearch很容易入门，它的默认配置可以适用于大多数情况。这是Elasticsearch的设计者为了降低它的使用门槛故意为之的。如果你不打算在生产环境中部署Elasticsearch，其实也不用去了解它的更细节的配置参数。

本章将讨论Elasticsearch和ES-hadoop的一些重要概念、配置和使用指南。如果打算在生产环境中使用它，请务必学习本章内容。

在本章中，我们将介绍以下内容：

● 分布式环境中的Elasticsearch
● Es-Hadoop架构
● 生产环境配置
● 集群管理

6.1 分布式环境中的Elasticsearch

扩展性对于我们使用的实际环境来说是很主观的。你可能一直在寻求更高的查询性能、更高的可用性、更快的写入性能。对于某些规模较小的环境，我们可以通过增加硬件来实现提供性能、增加容量。但是，这时扩展能力会受单机硬件扩展能力的限制。

集群和节点

集群是为了满足并行处理和高可用而组织在一起的一组服务器。你只要在这组服务器上以相同的集群名称启动Elasticsearch，它们就自动构成了一个集群。Elasticsearch具备线性扩展能力，可以通过向集群中添加节点来实现其扩展能力。Elasticsearch使用了内置的节点发现和副本机制，它内置的这些功能都是默认配置的，所以对于使用者来说，安装一个Elasticsearch集群就和安装一个Elasticsearch实例一样简单。

节点类型

集群中的每个Elasticsearch实例都可作为一个节点存在。默认情况下，集群中每一个节点都存储了集群的一部分数据。它们可以接收用户的请求。当集群接收到用户的查询请求后，那些包含了相关数据的节点会并行地进行数据处理，各节点的结果进行汇总处理之后返回用户。用户不需要了解数据在各节点是如何分布的等细节信息。集群为数据的访问提供统一的视图，通过与其他节点协调工作，每个节点都具备接收用户请求的能力。

逻辑上，从职责上划分，Elasticsearch节点可以分为以下4种类型。

主节点

集群中的一个几点被选举为主节点，负责节点间集群级别的变更协调。这些变更包括索引、映射的管理，增删节点，分片重分配等。默认情况下，集群中的任何一个节点都可能要承担额外的这些工作。对于一个稍大的集群来说，这部分工作也不会增加太多机器的负载。为了避免数据损坏和网络引起的集群状态异常，使用多个主节点可能是更合理的选择。由于网络故障导致一个集群分裂成两个，这种情况称为脑裂。关于这个问题，我们会在后面的部分详细介绍。

随着集群规模越来越大，我们可能希望主节点使用单独的服务器。这台服务器仅仅只承担主节点的工作，而不进行数据存储，也不接受查询请求。使用独占的主节点可以减少集群不稳定的可能性。我们可以通过对elasticsearch.yml中的node.master和node.

data参数进行如下配置，使其成为独占的主节点：

```
node.master: true
node.data: false
```

数据节点

数据节点用来存放Lucene索引。它负责Elasticsearch中数据的插入，并满足用户的查询请求操作。默认情况下，所有的节点都是数据节点。

如果要配置一个节点作为独占的数据节点，配置方式与独占的主节点配置类似，修改如下参数配置：

```
node.master: false
node.data: true
```

客户端节点

客户端节点相当于负载均衡器，负责解析HTTP请求，并将其转发到相应的数据节点。它把解析和转发请求的这部分工作从主节点和数据节点上独立出来。另外，客户端节点也负责将各节点运算的中间结果进行汇总，并将最终结果返回给用户。

在Elasticsearch集群中，客户端节点的角色不是必须的。如果你使用客户端节点，就需要禁用所有其他节点的HTTP，这样会强制各节点使用Elasticsearch内部的通信协议进行通信。如果你想禁用HTTP，就需要将http.enable设置为false。

客户端节点可以使用如下参数配置：

```
node.master: false
node.data: false
```

部落节点

部落节点可以实现多个集群的桥接。它可以作为两个集群间的负载均衡器。它为后端的多个集群提供了统一访问的客户端。

部落节点可以使用如下参数配置：

```
tribe.cluster1.cluster.name: cluster1-name
tribe.cluster2.cluster.name: cluster2-name
```

在上述配置中，参数名称中的cluster1和cluster2分别代表集群连接的名称。因此，它们可以命名为任意字符名称，只要不重复即可。

节点发现

我们知道，Elasticsearch的集群就是一组具有相同cluster.name的Elasticsearch实例。Elasticsearch自动寻找节点，并把发现的节点添加到集群中。Elasticsearch通过discovery模块寻找、发现节点。

默认配置下，Elasticsearch使用专有的Zen机制进行节点发现。Elasticsearch会向网络上的其他节点发送Ping请求进行节点发现。我们可以将节点发现机制配置为多播或者单播的方式。在云平台上部署Elasticsearch时，这两种方式都可以很好地工作。

组播

使用组播进行节点发现是集群安装配置时最简单的方式。在这种方式下，我们所需要做的就是在同一个网络中启动Elasticsearch的实例，各实例自动寻找发现对方并组成一个集群。当你使用默认配置启动Elasticsearch服务时，节点将向定义好的多播组和端口发送多播Ping请求，其他节点对请求做出响应确认。如果找到了主节点，那么它就会把新发现的节点加入集群；否则，就会选举出一个主节点组成一个集群。

你可以通过修改以下配置禁用组播：

```
discovery.zen.ping.multicast.enabled=false
```

单播

在类似生产环境这样敏感的环境中，你可能不希望某些不相干的节点加入集群。在单播方式下，每个节点可以配置一组集群中所有主机都能访问到的主机地址和端口号。

单播方式配置如下：

```
discovery.zen.ping.unicast.hosts: ["node1:9300","node2:9300",
"node3:[9300-9400]"]
```

 新的节点根据参数中的主机名和端口进行查找，只要发现参数列表中的节点是某个集群的一部分，Elasticsearch就会把集群的信息发送给新的节点。也就是说，我们不需要将集群中所有的节点都配置在这个参数中，但是从高可用的角度考虑，也不能太少。

数据分布

我们知道，Elasticsearch通过各数据节点进行数据的分布式存储，同时这种存储方式又能保证Elasticsearch的并行和故障转移。让我们来了解一下数据在物理上是如何实现节点间分布的。

分片

Elasticsearch存储的总的数据容量能够达到TB或者PB级别。随着Elasticsearch中存储的数据增加，数据本身可能会超出单个节点的存储容量，同时数据增加而并行度不变可能大大影响Elasticsearch的性能。因此，Elasticsearch索引允许被分隔成不同的数据子集存储在不同的节点上。分片就是包含了Elasticsearch索引部分数据的数据子集。分片是单个Elasticsearch数据节点上的一个独立存储单元。分片其实就是一个纯粹的Lucene索引。

一个Elasticsearch索引的数据其实就是一组以分片的形式组织的Lucene索引的集合。使用者不需要关心文档存储在哪个节点的哪个分片上，Elasticsearch为这组分片提供了统一的访问视图。使用者可以从任何一个节点进行数据的插入或者查询。当Elasticsearch执行查询时，所有的分片将并行执行这个查询，然后将运算结果在单个节点上汇总并返回给用户。这样来看，一个分片也就是执行查询时的一个并行单元。默认情况下，Elasticsearch索引会创建5个分片。

> 这是不是说分片的数据越多越好？请认真考虑一下。只有在每个分片是分布在不同的节点上时，通过增加分片提高查询性能才具有可能性。由于分片本身就是Lucene索引，因此在查询执行时分片本身会消耗一定的主机负载。如果某个索引的多个分片分布在同一个节点上，查询执行时不同的分片会对主机资源进行争用。

副本

如果包含某个分片的节点宕机了怎么办？Elasticsearch的副本提供了故障转移机制。你可以通过副本因子来设置每个分片应该有多少个副本。对于一个分片来说，Elasticsearch指定其中一个为主分片，其余的都是这个分片的副本。在Elasticsearch

集群中，副本为数据提供了冗余。如果Elasticsearch索引的一个主分片所在的节点宕机了，Elasticsearch会从其余的副本中选举出一个新的主分片。

除了故障转移，副本也可以参与执行查询的过程。如果你的应用系统正在承受庞大的流量负载，那么增加硬件扩展更多节点，把每个分片和副本分配到独占的节点上将会获得更大的并行度提升查询的效率。默认情况下，Elasticsearch为每个分片创建一个副本。这个配置可以在创建索引时指定，也可以对已经创建的索引进行修改。

我们可以使用如下命令在创建索引时修改默认的分片和副本数量：

```
curl -XPOST http://localhost:9200/my_index -d '
{
    "settings" : {
        "index" : {
            "number_of_shards" : 10,
            "number_of_replicas" : 2
        }
    }
}'
```

> 在默认的设置中，当你向索引中添加一个文档时，Elasticsearch会确保这个文档同时也被写入对应的分片副本中。我们设置的副本数越多，向索引中插入文档的效率就越低。

分片分配

当我们向Elasticsearch集群添加节点或者从Elasticsearch集群删除节点时，主节点负责重新分配主分片和副本。

我们将使用一个很少节点的集群来模拟分片重分配的过程，更多节点的Elasticsearch集群的分片重分配机制与之类似。

图6-1展示了分片初始化及启动的步骤。

在Elasticsearch集群中，分片有它自己的生命周期。一个分片的生命周期包括四个不同的状态：未分配、初始化、运行中和重分配。

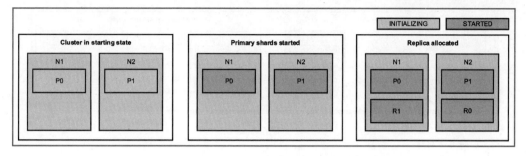

图6-1

在Elasticsearch集群启动时，分片的状态是这样变化的：

● 当集群启动时，所有的节点都会初始化分片P0和P1。

● 然后，这两个分片的主分片启动完成。

● 主分片启动完成后，Elasticsearch会初始化分片的副本并完成启动。

分片的副本不会和主分片分布在同一个节点上。

图6-2展示了当新增加一个节点时分片的状态变化过程。

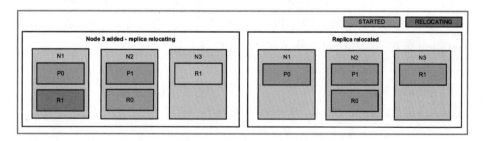

图6-2

当集群新增第三个节点时，分片状态变化如下：

● 第三个节点加入集群后，主节点将其中一个分片的副本重分配到这个新节点上。

● 重分配到新节点上的副本启动完成，状态变为运行中。

图6-3展示当节点2宕机后分片的状态变化情况。

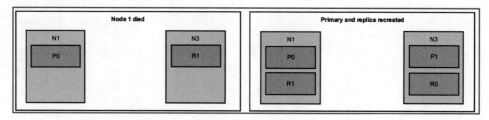

图6-3

节点2宕机后，分片的状态变化步骤如下：

● 节点2宕机，集群中只剩下了分片0的主分片P0和分片1的副本R1。

● Elasticsearch为分片0重建副本R0，为分片1重建主分片P1。

为了节点宕机时能够更好地进行恢复，同时也为了保证查询执行时的最大并行度，Elasticsearch会进行分片的重分配。

6.2　ES-Hadoop架构

我们已经了解了Elasticsearch的架构以及在分布式环境中Elasticsearch的扩展能力。Hadoop也是在分布式环境中工作的。在本部分中，我们将介绍ES-Hadoop如何将Elasticsearch分布式环境和Hadoop分布式环境集成在一起。

动态并行

我们已经清楚分片是Elasticsearch的一个并行单位。在不同分片不产生资源争用的情况下，分片越多，我们获得的并行度越高。类似地，Hadoop也有自己的并行处理机制。InputSplit表示的是一个Mapper的数据输入。当我们运行Hadoop作业时，InputFormat将数据分割到不同的InputSplit中使用不同的Mapper进行进一步处理。

从图6-4中我们可以看出ES-Hadoop是如何桥接Hadoop和Elasticsearch的。

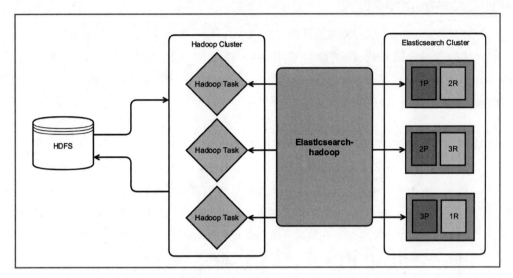

图6-4

从图6-4中我们可以看出Hadoop和Elasticsearch并行度之间的关系。左侧的Hadoop作业运行在集群中的三个节点上，而在右侧Elasticsearch索引有三个分片分别位于不同的节点上，其中每个分片都有一个副本。一侧的节点或者任务可以与另一侧的节点或者任务直接通信。也就是说ES-Hadoop提供了一个点对点的架构。

ES-Hadoop为Hadoop的分片和Elasticsearch的分片提供了动态并行机制。也就是说，当我们从Hadoop向Elasticsearch导入数据时，ES-Hadoop并不是盲目地把数据导入Elasticsearch的任何一个节点，而是根据Elasticsearch分片的数目将不同的文档发送到不同的分片所在的节点上。当我们使用ES-Hadoop从Elasticsearch读取数据或者向Elasticsearch写入数据时都遵循这一原则。

写入Elasticsearch

当你从Hadoop将数据导入Elasticsearch时，HDFS上的数据被分割为不同的分片生成不同的Mapper。ES-Hadoop能够动态识别Elasticsearch中分片的数目，将数据分发到执行写操作的节点上。在Hadoop的分片和Elasticsearch索引的分片数量相当的情况下，分片越多，写入的并行度越高。

从Elasticsearch中读取

当你从Elasticsearch读取数据到Hadoop中时，ES-Hadoop会根据Elasticsearch中索引的分片的数量确定并行度。针对每个Elasticsearch的分片，ES-Hadoop都会创建一个Hadoop的分片。分片与分片的点对点的映射关系保证了即使Hadoop侧的并行机制不可用也无须额外等待。

> 我们不建议仅仅根据并行度的需求来确定Elasticsearch中索引的分片数量。在大多数情况下，默认的分片数量是可以满足需求的。如果你在从Elasticsearch读取数据到HDFS上时确实需要更高的性能，最好进行压力测试。首先，你可以使用默认的分片数量进行压力测试。然后，逐渐增加分片的数量继续进行压力测试。通过不同分片数量下的性能数据对比，你可以找到一个最优的分片数量值。如果分片的数量过高，导致并行过高也会带来额外的负载。
>
> 对于压力测试，你可以使用Tsung或者JMeter。你可以通过这两款工具来模拟生产环境中负载的特点。比如：500个并发用户执行查询的同时执行两个并行的每秒100个文档的数据插入操作。在测试过程中最高保证测试环境与生产环境具有相同的文档结构和分析器。在压力测试的过程中，分片的数量可以逐渐增加，这样我们就可以得到分片数量的变化对数据插入及查询的影响。

ES-Hadoop尽可能地保持不同的Elasticsearch节点间的负载均衡。也就是说，当我们执行一个查询时，它将使用轮询算法在不同的节点上执行查询。

失败捕获

当我们使用规模比较大的集群时，有可能出现节点网络断开或者OutOfMemory等异常情况。ES-Hadoop也需要能够应对这些异常情况。ES-Hadoop不仅仅是一个为Elasticsearch和Hadoop提供交互的客户端，也能够应对网络故障。当某个节点出现网络故障或者宕机时，ES-Hadoop会找到其他节点上的故障分片副本，并对这些副本执行重新读取或者写入操作。

数据本地化

ES-Hadoop会将所有的网络信息及Elasticsearch集群的拓扑结构发送给与之交互的Hadoop集群。如果你的Elasticsearch服务器和Hadoop运行作业的节点是同一台机器或者在同一个机架中，这将会大大减少网络传输的数据，从而提升作业执行的效率。

6.3 生产环境配置

在本节我们将一起来学习一下如何在生产环境中安装ES-Hadoop集群。另外，我们还会介绍某些通用的生产环境场景下的部署及配置的最佳实践。

硬件

我们知道Hadoop是以分布式集群的方式工作的。为了匹配它的扩展性、可靠性和高性能的需求，Elasticsearch最好使用中型或者大型规模的集群。如果你正在使用多个小型的Elasticsearch集群，这不但不容易与Hadoop配合工作，而且将大大增加管理成本。虽然最终的硬件需求跟成本和具体的项目需求有关，但是这个指导思想是不变的。

内存

Elasticsearch是非常消耗内存的。为了避免OutOfMemory以及由于OutOfMemory引发的其他潜在的问题，同时保障查询的效率，内存是我们在硬件规划时首要考虑的因素。对于生产环境，我们建议内存在16GB到64GB之间。在下一节中，我们将介绍相关的配置参数，并解释需要这么多内存的原因。

CPU

CPU时钟频率对Elasticsearch的性能影响并不太大。然而，文档插入和文档搜索的性能取决于并发线程数，而并发线程数取决于CPU核心的个数。在生产环境中，单个节点最好有4到8个CPU核心。对于Elasticsearch来说，与更快的CPU速度相比，更多的CPU核心更为重要。

磁盘

在进行文档插入或者文档查询时，Elasticsearch是IO极其敏感的。尤其是我们在向Elasticsearch批量加载数据时，IO对加载性能的影响更大。在本书中，我们介绍了不少从HDFS将数据导入Elasticsearch的示例都有这一需求。为了追求更高的IO性能，与机械硬盘相比，高IOPS的SSD硬盘成为不二之选。我们强烈建议在生产环境中使用SSD硬盘。

你可能会觉得SSD硬盘并不擅长更新操作，而且频繁的更新操作会缩短SSD硬盘的寿命。但是，我们也不要忘记一点，Lucene索引是完全不可修改的。它的更新操作相当于将相应文档标记为删除，然后插入文档的过程。同样的，对于Elasticsearch，也不存在更新的问题。

网络

Hadoop集群和Elasticsearch集群都是高度分布式的系统，在二者之间进行数据交互意味着在不同节点之间大量的数据传输。使用高速网络不但可以减少网络失败发生的概率、增加系统的稳定性，还可以提高系统的性能。另外，Hadoop集群和Elasticsearch集群包括集群中的各节点，最好不要跨数据中心。

集群中的各主机硬件配置差异不要太大。如果你有几台8GB内存的闲置主机，而现有的集群中主机的内存都是高配的（32GB或者64GB），这时将闲置的主机加入集群未必会增加集群的运算能力和并发能力。我们需要记住，集群的查询性能是由集群中性能最差的主机决定的。这时，我们就不能用这些闲置的机器作为集群中的数据节点，但是用作其他的角色也是一个不错的选择（比如客户端节点）。

集群安装

在开发环境中安装Elasticsearch集群时，我们甚至不需要修改集群名称之外的任何配置就可以让集群正常启动运行。然后，如果安装的是一个生产环境使用的集群，我们就需要进行必要的规划和配置。

集群拓扑结构

让我们先来了解一下示例中给出的集群拓扑结构，你在规划自己的集群时可以参考这个结构并根据具体的需求进行更改。

图6-5展示了一个推荐的集群拓扑结构。

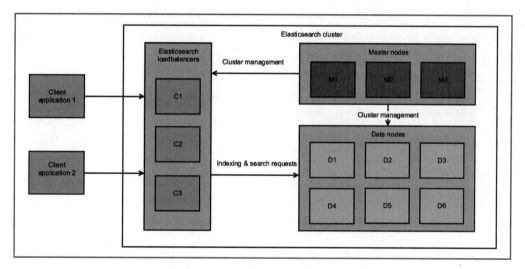

图6-5

在之前的章节中，我们单独讨论了客户端节点、主节点和数据节点等不同的角色。在图6-5显示的拓扑结构中，每种角色各司其职。客户端节点向数据节点转发文档插入及数据查询请求。主节点将集群管理任务分发到数据节点和客户端节点，并与之进行交互。

每种角色各司其职的拓扑结构将有助于进行故障诊断，同时也更方便我们对集群进行扩展。如果应用程序的负载过高就会导致客户端节点的资源利用率过高，这时我们只需要增加客户端节点的个数即可。每个节点都只有单一的职责，有助于提高节点的稳定性。

> 前文中讨论的Elasticsearch集群的硬件需求仅仅是针对数据节点。对于主节点和客户端节点，你不必使用相同的配置。主节点对资源占用较少，同时对存储能力要求也很小。同样的，客户端节点也不需要太大的存储空间。

如果你手头上的主机数量有限，将主节点和客户端节点合并为一台机器也是可以的。由于主节点和客户端节点对资源的消耗较少，因此仍然可以有良好的稳定性。

设置名称

我们要时刻谨记默认情况下在同一个网络中具有相同集群名称的节点自动组成一个Elasticsearch集群。默认的集群名称为elasticsearch。在生产环境中，你需要将所有的节点集群名称设置成一个其他的具有实际意义的名称。

本节中修改的大部分配置都在<ELASTICSEARCH_HOME>/config/elasticsearch.yml这个配置文件中。集群的名称可以通过如下配置修改：

```
cluster.name: myapp_prod
```

你可以通过将同一个网络中不同的节点配置为不同的集群名称cluseter.name来组成不同的集群。

另外，为每个节点指定一个名称将有助于解决安装部署过程中出现的故障，同时也让集群更易于管理。默认情况下，Elasticsearch会从名称列表中为节点随机选择一个名称，而且在节点重启之后，节点的名称会发生变化。如果我们要修改节点的名称，需要修改一下配置：

```
node.name: myapp_es_data_001
```

设置路径

默认情况下，Elasticsearch使用主目录来存储数据、插件和日志信息。为了避免管理员无意删除相关目录，我们推荐你使用单独的目录存放数据、插件及日志信息。在修改之前，我们需要确认我们为相应的目录提供了必要的权限。修改路径的配置如下：

```
# Configure data directory
path.data: /var/lib/elasticsearch/data
# Configure plugins directory
path.plugins: /var/lib/elasticsearch/plugins

# Configure logs directory
path.logs: /var/logs/elasticsearch
```

设置内存

我们已经讨论过内存在Elasticsearch的部署中扮演着重要的角色。默认情况下，Elasticsearch节点的堆内存为1GB。Elasticsearch将字段数据缓存到内存中后可以大大提高过滤、排序和切面的速度，所以在生产环境中这个值必须更改。

在生产环境中，我们给Elasticsearch分配的内存至少应该是物理内存的一半。比如，你的主机有32GB内存，就分配16GB内存给Elasticsearch。另外的16GB内存是不是就浪费了呢？我们需要知道的是当进行全文检索时，Lucence需要缓存段信息，它使用的是操作系统缓存，而不是Elasticsearch堆内存。另外，NIO框架也会使用剩余的内存。如果要修改NIO框架的内存配置，可以使用环境变量ES_DIRECT_SIZE或者JVM参数XX:MaxDirectMemorySize。

> 我们不要为Elasticsearch堆分配超过30GB的内存。在64位平台上，JVM可以通过指针压缩来节省内存。如果我们分配了超过30GB的内存，JVM将不会使用指针压缩，这样会造成内存的浪费。如果你的主机的物理内存过大，你可以在单台主机上运行多个Elasticsearch服务器。这样做也非常有利于Kibana或者其他报表系统进行数据分析。

我们可以使用如下两种方法来配置Elasticsearch的堆大小：

- 在命令行中或者<USER_HOME>/.bashrc中设置ES_HEAP_SIZE环境变量：

    export ES_HEAP_SIZE=30g

- 在启动Elasticsearch时设置JVM参数：

    ```
    <ES_HOME>/bin/elasticsearch -Xmx30g -Xms30g
    ```

脑裂问题

在集群环境中可能会出现某个节点OutOfMemory，也可能出现节点间网络不通等异常情况。如果是主节点出现了这些问题，那么集群中剩下的节点会进行新的主节点选举。

图6-6展示了一次网络故障导致集群从绿色状态（green state）到红色状态（red state）的变化过程：

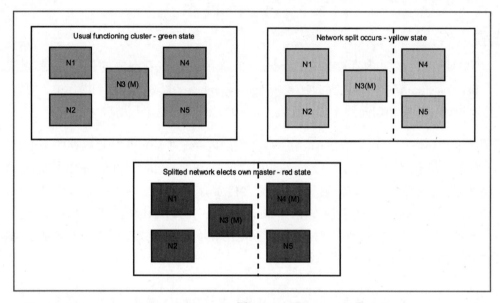

图6-6

- 当网络正常时，所有节点都正常运行，集群处于绿色状态。
- 由于网络故障，将这5个节点的集群隔离成了两部分：N1、N2和N3一部分，N4和N5一部分。这两部分之间无法正常通信。集群由绿色状态变为黄色状态。这种网络的分裂有可能导致某些分片完全丢失，集群由黄色状态进入红色状态。
- 由于新隔离出的N4和N5没有主节点角色，因此会选举出一个新的主节点。这时，一个Elasticsearch集群被分裂成两个，两个主节点各自管理自己的集群，这可能导致某些索引的数据不一致，甚至数据丢失。

我们这里所说的绿色、黄色和红色不仅仅指的是颜色，在Elasticsearch集群中还有其他的意思。这一点我们会在后续的部分进一步介绍。

上述出现的这种情况显然不是我们想看到的，那么如何避免这个问题呢？Elasticsearch提供了一个参数minimum_master_nodes，用来设置集群中至少要包含多少个节点才能进行主节点的选举。在上述场景中，我们可以将minimum_master_nodes设置为3，这样设置表示至少有三个节点可用时才能够执行主节点选举过程，同时另外两个节点就失去了选举主节点的过程。

参数minimum_master_nodes的定义规则如下：

```
minimum_master_nodes = N/2 + 1
```

其中，N表示有资格选举为主节点的节点数量。

如下配置可以写在所有具有选举为主节点资格的配置文件中：

```
discovery.zen.minimum_master_nodes: 2
```

> 在一个网络条件不太好的集群中，我们需要将Elasticsearch集群判断为网络故障的超时时间discovery.zen.ping_timeout设置得长一点。

设置恢复参数

在我们对Elasticsearch集群进行了日常的维护操作后重启时可能会发现有半数节点启动非常迅速，而另外一半节点启动有些延迟的情况。在启动快的一半节点启动完成后，发现没有找到分布在还没启动起来的节点上的分片会尝试对分片进行重新分配。在启动慢的节点启动完成之后，集群还需要对分片再次进行重新分配操作。这样来回的分片重新分配会导致大量不必要的磁盘IO和数据传输操作。这种情况在越大的集群中，不必要的数据传输越大。

为了避免这种情况，Elasticsearch支持如下配置：

```
gateway.recover_after_nodes: 3
```

这个参数的意思是集群中至少启动三个节点后才开始做分片重分配操作。

```
gateway.expected_nodes: 5
gateway.recover_after_time: 5m
```

这两个参数的意思是在集群中有5个节点启动起来或者延迟5分钟后进行恢复操作。其中，参数recover_after_time不会覆盖参数recover_after_nodes。也就是说，如果集群中只启动了2个节点，即使已经等了5分钟的时间，集群也不会进行分片重分配操作。

预设配置

到目前为止，你已经学习了如何配置一个标准的集群。在大多数情况下，通用的拓扑结构和通用的参数配置已经够用了。然而，在一些例外的情况中，通用的配置可能会增加集群的风险。

数据导入

当你使用ES-Hadoop时，它会对数据导入过程进行自动优化处理。但是，仍然有以下几点需要我们注意：

- 确认输入的数据文件生成了多个InputSplit，这样Hadoop可以生成多个Mapper进行并行处理。
- 由于Hadoop和Elasticsearch是点对点的映射关系，因此我们需要保证Hadoop集群与Elasticsearch集群的数目相当。
- 最好使用SSD硬盘而不是机械硬盘。
- 对于海量数据的导入，我们需要为ES-Hadoop作业配置一个更大的批处理大小。批处理的大小与单次请求的数据量和文档数量有关。请看如下代码：

```
Configuration conf = new Configuration();
conf.set("es.nodes", "localhost:9200");
conf.set("es.resource", "eshadoop/wordcount");
conf.set("es.batch.size.bytes", "15mb");
conf.set("es.batch.size.entries", "1000");
Job job = new Job(conf, "word count");
```

本段代码是在第1章中我们创建的名称为"word count"作业的代码。只要代码中设置的两个条件中有一个达到阈值，就会触发一次请求。

 你也可以通过参数es.batch.write.retry.count和es.batch.write.retry.wait来控制最大重试次数和每次重试的时间间隔。

- Lucene会周期性地执行段合并工作，这会消耗大量的IO。如果要确保在执行查询时不被段合并影响，可以在Elasticsearch层进行控制。如果你更关注数据加载的性能，就可以通过以下命令直接禁用API调用（在数据加载完成后，应该修改回原来的设置）：

```
curl -XPUT 'localhost:9200/_cluster/settings' -d '
{
    "transient" : {
        "indices.store.throttle.type" : "none"
    }
}'
```

● 如果所有的数据加载操作都是通过ES-Hadoop作业触发的，那么你可以在elasticsearch.yml中设置如下参数：

```
index.refresh_interval: -1
```

这个参数将禁用所有的索引刷新，此时如果要刷新索引，只有通过显式的调用方式才能生效。

 默认情况下，ES-Hadoop将参数es.batch.write.refresh设置为true，就是说ES-Hadoop会显式地对索引进行刷新，这样新写入的文档也可以被查询到。

● Elasticsearch在写入时也是要先写日志的。在Elasticsearch中，它的日志被称为事务日志。事务日志在满足一定的阈值条件时进行延迟提交，这样可以确保插入和删除操作的原子性。我们可以通过以下设置将事务日志的刷新阈值提高：

```
index.translog.flush_threshold_size=1GB
```

● 参数indices.memory.index_buffer_size默认为堆大小的10%，我们可以把这个参数设置大一些。这个区域是用来对索引进行缓存的。但是增大了这部分的缓存，其他操作可以使用的内存就减少了。如果要调整这个参数，我们必须先对使用场景进行压力测试。

● 在进行海量数据加载时，可以禁用分片的副本。分片副本的数量可以通过基于REST的API进行修改，修改命令如下：

```
curl -XPUT 'localhost:9200/{index_name}/_settings' -d '
{
```

```
    "index" : {
      "number_of_replicas" : 0
    }
  }'
```

 在数据加载工作完成后记得重新启用副本。简单来说就是在数据加载作业执行期间索引的分片是没有副本的。

● 尽可能使用Elasticsearch自己的自动ID生成机制。如果你要自己生成ID，可以使用UUID-1或者纳秒时间戳方式。这些算法都使用零填充的方式生成ID，Lucene底层对这些算法进行了内置的优化。

全文检索

如果你大多数时候都使用的是全文检索，那么需要注意以下几点：

● 尽可能使用过滤器。Elasticsearch可以对过滤器结果进行缓存，而不会对查询结果进行缓存。
● 当使用全文检索进行查询时，底层的Lucene扮演了非常重要的角色。Lucene会对段进行缓存，而它使用的内存是Elasticsearch堆内存之外的操作系统的内存。基于这个原因，我们应该给操作系统保留足够的内存。这样Lucene可以更好地对段进行缓存，我们也可以更快地获取全文检索的结果。
● 避免在查询中使用script。使用script会大大降低性能。

快速聚合

如果你的Elasticsearch主要用于Kibana或者类似的图表展示，那么你可能会经常使用聚合运算，有以下几点需要注意：

● 确保ES_HEAP_SIZE尽可能大，但是不要超过30GB。
● 在单个节点上的分片和副本越多，运算的并行度越高。同时，我们需要确认参与聚合运算的每个分片包含了足够的数据量。对少量数据的聚合可能会影响计算的准确性。
● 在进行聚合运算之前尽可能对数据进行过滤，比如通过时间范围、地理位置等对参数与聚合运算的数据进行过滤也会提高运算的性能。

生产环境部署检查列表

即使是专家也很容易遗漏一些重要的配置参数。这里我们提供了一个在生产环境中部署时的检查列表：

- 最好使用SSD硬盘、64GB物理内存、多核心CPU和高速网络。
- 将ES_HEAP_SIZE设置为物理内存的50%。
- 部署Hadoop集群和Elasticsearch集群时需要考虑ES-Hadoop对数据本地化的影响。
- 分片过多未必是好事。我们最好通过压力测试来确定合适的分片大小。当你进行查询时，查询操作会分发到所有的分片上执行。如果有可能，最好使用滚动索引。如果分片数量有问题，可以对新的索引分片进行调整。
- 配置集群名称和节点名称。
- 修改数据目录、插件目录和日志目录，不要将其放在Elasticsearch的安装目录中。
- 使用独占的客户端节点、主节点和数据节点。
- 最好使用单播方式进行节点发现。
- 不要忘记配置参数minimum_master_nodes。
- 配置恢复相关设置。
- 使用sudo swapoff –a或者修改/etc/fstab来禁用操作系统交换分区。
- 使用如下配置来修改操作系统最大文件描述符参数，在/etc/security/limit.conf中进行如下修改：

```
eshadoop        soft    nofile          64000
eshadoop        hard    nofile          64000
```

- 如果通过同一台主机虚拟出来的虚拟机上面部署了多个Elasticsearch实例，在进行分片分配时不要将同一个分片及其副本分配到同一台物理主机对应的Elasticsearch节点上。
- 使用像Puppet、Chef或者Ansible等配置管理工具来配置Elasticsearch集群。
- JVM GC算法最好使用CMS GC。CMS GC比Java 8 G1 GC更成熟。如果你要修改默认的GC算法，最好有充足的理由。

● 避免调整线程池相关参数。如果真的需要修改，你需要根据CPU核心的数量和线程的阻塞时间来调整线程池的大小。

● 在进行进一步的优化调整之前，你需要通过充分的压力测试来证明原有的参数及配置不够好。

● 在进行深度优化之前，通过对配置及参数的调整前后进行压力测试，对二者的性能及资源消耗等方面进行比对确认。

● 在进行部署之前参考本列表。

6.4　集群管理

一旦你在生产环境中部署了Elasticsearch集群，对集群定期的监控和维护就变得非常必要了。Elasticsearch支持通过不同的API来对集群和节点的健康状态进行监控，使用不同的管理工具让Elasticsearch监控更便捷。

监控集群健康

Elasticsearch提供了一个监控集群健康状态的API。下面的示例是具体的命令及返回结果：

```
$ curl -XGET http://localhost:9200/_cluster/health?pretty
```

这个命令将会返回如下结果：

```
{
    "cluster_name": "eshadoopcluster",
    "status": "red",
    "timed_out": false,
    "number_of_nodes": 5,
    "number_of_data_nodes": 5,
    "active_primary_shards": 28,
    "active_shards": 56,
    "relocating_shards": 0,
    "initializing_shards": 0,
    "unassigned_shards": 6,
    "number_of_pending_tasks": 0
```

```
}
```

在响应结果中包含了很多重要信息。其中很多指标都是自描述的信息。

Elasticsearch使用三种颜色来表示集群的健康程度：

● **绿色**：这种颜色表示正常。集群的所有分片和副本都是可用状态，工作正常。
● **黄色**：这种颜色表示集群功能正常，集群中的数据为可用状态，可以进行搜索。集群中的分片的副本存在问题，如果有更多的分片出现该问题，就可能面临数据丢失的风险。
● **红色**：集群可以正常工作，但是可能有数据丢失。这时执行搜索的结果可能不正确（在数据涉及的主分片丢失时）。

其他的一些指标信息：

● active_primary_shards/active_shards：它们分别代表主分片的数目/主分片和副本的总数目。
● initializing_shards：Elasticsearch正在创建的分片或者重启后正在从磁盘加载的分片的数目。
● unassigned_shards：由于集群中的可用节点过少导致的没有办法分配出来的分片数目。
● number_of_pending_tasks：在集群级别被挂起的任务数目。

在上述的响应结果中，我们可以看到集群状态为红色，处于故障状态。在指标信息中，我们可以看到有6个分片无法分配到其他节点上，但是我们并不知道哪些分片是正常的，哪些分片是有问题的。它们是某个索引的6个分片还是不同索引上的不同分片？我们并不知道。如果要了解这些信息，就需要知道在索引级别分片的状态信息。我们可以通过在之前的命令中添加level参数来查看索引级别的信息：

```
$ curl -XGET  http://localhost:9200/_cluster/health?pretty&level=indices
```

返回结果如下：

```
{
    "cluster_name": "eshadoopcluster",
    "status": "green",
    "timed_out": false,
    "number_of_nodes": 5,
    "number_of_data_nodes": 5,
```

```
    "active_primary_shards": 28,
    "active_shards": 56,
    "relocating_shards": 0,
    "initializing_shards": 0,
    "unassigned_shards": 0,
    "number_of_pending_tasks": 0,
    "indices": {
        "esh_network": {
            "status": "green",
            "number_of_shards": 5,
            "number_of_replicas": 1,
            "active_primary_shards": 5,
            "active_shards": 10,
            "relocating_shards": 0,
            "initializing_shards": 0,
            "unassigned_shards": 0
        },
        "es-storm": {
            "status": "green",
            "number_of_shards": 5,
            "number_of_replicas": 1,
            "active_primary_shards": 5,
            "active_shards": 10,
            "relocating_shards": 0,
            "initializing_shards": 0,
            "unassigned_shards": 0
        },
        ".marvel-2015.08.05": {
            "status": "red",
            "number_of_shards": 5,
            "number_of_replicas": 1,
            "active_primary_shards": 4,
            "active_shards": 4,
            "relocating_shards": 0,
            "initializing_shards": 0,
            "unassigned_shards": 6
        }
      ..
      ..

}
```

在上述结果中，我们可以清楚地看到问题出在名称为.marvel-2015.08.05的索引上。这个索引的状态为红色，包含6个未分配的分片（包含一个主分片）。

我们高度建议你使用监控工具（像Marvel）对集群和节点的关键指标、JVM等进行监控。Watcher是另一款可以对集群进行实时监控和告警的工具。当某些指标超过规定的阈值时，它可以通知你。

备份和恢复

在进行日常的重启、维护或者升级时，Elasticsearch都可以保证数据不丢失。但是作为一个最佳实践，为了防止数据丢失，我们应该对数据进行备份。即使数据是从其他数据源导入Elasticsearch的，通过对Elasticsearch进行备份也可以节省索引重建的时间。

数据备份

Elasticsearch提供了一个快照API来对数据进行备份。除了使用共享文件系统，我们还可以使用Amazon S3、HDFS和Azure Cloud结合相应的插件来进行备份。在本书中不会讨论所有的类型。

在对索引进行备份之前，我们需要先创建一个存储库：

```
$ curl -XPUT http://localhost:9200/_snapshot/eshadoop_backup -d '
{
    "type": "fs",
    "settings": {
        "location": "/media/backups/eshadoop_backup"
    }
}'
```

创建成功将会返回如下提示：

```
{
  "acknowledged":true
}
```

如果你的网络条件较好，可以接受突增的网络流量，那么可以将max_snapshot_bytes_per_sec和max_restore_bytes_per_ser设置得高一些（比如50MB或者100MB）。这两个参数的默认值为20MB。在规模较小的集群环境中向本地文件系统或者单独挂载的物理盘备份时，可以使用这个默认的配置。

如果要对当前所有的索引进行备份，可以使用如下命令：

```
$ curl -XPUT http://localhost:9200/_snapshot/eshadoop_backup/
snapshot_080815
```

这个命令执行完成后，我们可以立刻接收到响应：

```
{
  "accepted":true
}
```

这表示Elasticsearch已经开始启动备份任务。

如果只想在Elasticsearch完成备份后返回响应，你可以通过在命令中添加参数wait_for_completion实现：

```
$ curl -XPUT http://localhost:9200/_snapshot/eshadoop_backup/
snapshot_080815?wait_for_completion=true
```

你也可以通过在JSON体中以逗号分隔的方式指定想要备份的索引：

```
$ curl -XPUT http://localhost:9200/_snapshot/eshadoop_backup/
snapshot_080815 -d '
{
  "indices": "esh_network, es_storm"
}'
```

你可以通过在前面的URL中使用GET/DELETE方法来获取/删除快照。

数据恢复

你可以通过如下命令从快照中恢复数据：

```
$ curl -XPOST http://localhost:9200/_snapshot/eshadoop_backup/
snapshot_080815/_restore
```

与备份命令类似，这个命令执行完成后会立刻返回响应。如果你希望恢复完成后再得到响应，你需要使用参数wait_for_completion。如果要恢复的索引已经存在于Elasticsearch中而且是打开状态，恢复过程就会失败。另外，恢复出来的索引不会包含备份后新插入的数据。在启动恢复之前，我们需要先关闭索引，另外还需要确认现有的索引与备份中的索引分片数相同。

你可以通过指定indices来指定要恢复的索引。

请参考如下示例：

```
$ curl -XPOST http://localhost:9200/_snapshot/eshadoop_backup/
snapshot_080815/_restore -d '{
    "indices": "esh_complaints",
    "rename_pattern": "esh_(.+)",
    "rename_replacement": "consumer_$1_old"
}'
```

在上述的示例中，我们将只恢复esh_complaints这个索引。其中参数rename_pattern使用正则表达式来索引名称，其中括号中的部分会传入rename_replacement中。参数rename_replacement定义恢复后的索引名称，其中的$1为rename_pattern传入的内容。在本例中，索引esh_complaints会恢复为名称为consumer_complaints_old的索引。

 我们应该从一开始就制定好正则表达式中定义的备份恢复规则。理想情况下，备份和恢复都是通过工具或者脚本自动执行的。同时，这些过程在部署之前都应该事先进行严格的测试。

小结

在本章中，我们学习了在分布式环境中Elasticsearch的工作机制。我们还学习了Elasticsearch的故障切换和并行机制。另外，我们也知道了ES-Hadoop如何保证Elasticsearch和Hadoop的高性能和高可用性。

然后，我们学习了在生产环境中对Elasticsearch集群进行硬件选择、集群拓扑规划及相关参数配置等内容。我们了解了在某些通用场景下的高级参数的配置。随后，我们提供了一个生产环境规划安装部署检查列表。最后，我们介绍了集群管理相关的内容。

在下一章中，我们将了解Hadoop生态系统中广泛使用的Pig、Hive、Cascading和Spark。我们将学习如何使用ES-Hadoop在Elasticsearch和上述技术中进行集成。

7 与Hadoop生态系统集成

之前我们关注的重点是如何通过MapReduce作业实现Elasticsearch和HDFS之间的数据交互。对于Hadoop生态系统来说，它的伟大之处是可以通过像Hive和Pig这样的工具增加它的易用性。除了这些，Hadoop还可以与Spark和Cascading这样的计算引擎和平台进行集成。

在本章中，我们将讨论如何使用ES-Hadoop对Hadoop生态系统的这些技术进行集成，让我们像使用这些技术本身一样便捷地操作Elasticsearch。

在本章中，我们将介绍以下内容：

- 与Pig集成
- 与Hive集成
- 与Cascading集成
- 与Spark集成
- 与YARN集成

7.1 与Pig集成

在大多数情况下，Pig是Hadoop生态系统中对数据进行操控的最便捷的方式之一。

它语法简洁，不必进行复杂的编程就可以对数据流进行设计。在本节中，我们将会介绍它如何与Elasticsearch进行数据交互。

Pig安装

下面我们来安装Pig。你可以执行以下步骤来安装0.15.0这个版本。

1. 使用如下命令下载Pig发行版：

   ```
   $ sudo wget -O /usr/local/pig.tar.gz http://mirrors.sonic.net/
   apache/pig/pig-0.15.0/pig-0.15.0.tar.gz
   ```

2. 解压Pig并重命名：

   ```
   $ cd /userusr/local
   $ sudo tar -xvf pig.tar.gz
   $ sudo mv pig-0.15.0 pig
   ```

3. 在/home/hadoop/.bashrc文件中添加如下环境变量：

   ```
   export PIG_HOME=/usr/local/pig
   export PATH=$PATH:$PIG_HOME/bin
   ```

4. 通过退出重新登录或者使用如下命令让上一步骤中配置的环境变量生效：

   ```
   $ source ~/.bashrc
   ```

5. 使用如下命令启动作业历史服务器进程：

   ```
   $ mr-jobhistory-daemon.sh start historyserver
   ```

6. 使用如下命令进入Pig控制台：

   ```
   $ pig
   grunt>
   ```

 如果重启服务器或者虚拟机，很可能会忘记启动作业历史服务器进程。所以在重启之后，你需要手动启动这个进程或者将其配置为自动启动。

到目前为止，Pig已经可以正常运行了。但是如果我们需要将Pig与Elasticsearch进行集成，就需要将ES-Hadoop的JAR文件放到Pig的类路径中。

我们可以通过以下步骤获取ES–Hadoop JAR文件并将其上传到HDFS上：

1. 使用如下命令下载ES–Hadoop JAR文件：

```
$ wget http://central.maven.org/maven2/org/elasticsearch/
elasticsearch-hadoop/2.1.1/elasticsearch-hadoop-2.1.1.jar
```

2. 将该JAR文件移动到相应的目录中：

```
$ sudo mkdir /opt/lib
$ sudo mv elasticsearch-hadoop-2.1.1.jar /opt/lib/
```

3. 使用如下命令将JAR上传到HDFS上：

```
$ hadoop fs –mkdir /lib
$ hadoop fs –put elasticsearch-hadoop-2.1.1.jar /lib/
elasticsearch-hadoop-2.1.1.jar
```

在本章中，我们将使用https://data.cityofchicage.org/提供的关于犯罪的开放数据集。你也可以从https://raw.githubusercontent.com/vishalbrevitaz/eshadoop/master/ch07/data/crimes_dataset.csv下载定制的数据集。

下载了相关数据集后，将其上传到HDFS的/ch07/crime_data.csv这个位置。

向Elasticsearch中导入数据

我们将使用ES–Haddoop集成Pig和Elasticsearch，将数据导入Elasticsearch中。ES–Hadoop提供了EsStorage类作为Pig的storage。

1. 为了能够正常使用EsStorage类，我们首先需要在Pig中注册ES–Hadoop的JAR文件。你所注册的JAR文件可以存储在本地文件系统、共享文件系统或者是HDFS上。使用REGISTER命令在Pig中注册包含了UDFs的JAR文件：

```
grunt> REGISTER hdfs://localhost:9000/lib/elasticsearch-hadoop-
2.1.1.jar;
```

2. 使用如下命令加载CSV数据文件：

```
grunt> SOURCE = load '/ch07/crimes_dataset.csv' using
PigStorage(',') as (id:chararray, caseNumber:chararray,
date:datetime, block:chararray, iucr:chararray,
```

```
primaryType:chararray, description:chararray, location:chararray,
arrest:boolean, domestic:boolean, lat:double,lon:double);
```

这个命令可以实现CSV中字段与Pig中定义的字段的映射关系。

3. 现在使用如下命令生成与Elasticsearch索引匹配的数据结构：

```
grunt> TARGET = foreach SOURCE generate id, caseNumber, date,
block, iucr, primaryType, description, location, arrest, domestic,
TOTUPLE(lon, lat) AS geoLocation;
```

在这里，为了和Elasticsearch中的字段匹配，我们需要一个名称为geoLocation的内嵌对象。在这个命令中，我们使用TOTUPLE()将lat字段和lon字段生成一个Tuple，然后为这个Tuple取一个别名geoLocation。

4. 最后，我们将数据存入Elasticsearch索引中：

```
grunt> STORE TARGET INTO 'esh_pig/crimes' USING org.elasticsearch.
hadoop.pig.EsStorage('es.http.timeout = 5m', 'es.index.auto.create
= true', 'es.mapping.names=arrest:isArrest, domestic:isDomestic',
'es.mapping.id=id');
```

在这个命令中，我们指定了索引的名称和类型。类EsStorage可以接收多个Elasticsearch配置参数。

参数es.mapping.names实现了Pig中的字段与Elasticsearch中字段的映射。另外，我们还可以使用es.mapping.id实现Pig中的id字段与Elasticsearch中_id的映射，从而实现在Elasticsearch中自定义规则的_id。类似地，我们也可以设置_ttl和_timestamp等元字段的设置。

默认配置下，Pig只使用一个Reducer。我们推荐将并行度设置得与分片数目相同。并行度设置使用如下命令：

```
grunt> SET default_parallel 5;
```

无论输入的分片多大，Pig都会对其进行合并操作。这种行为可以有效地减少Mapper的数量，对于小文件非常有效。但是对于大文件却适得其反。我们可以使用如下命令来禁用Pig的这种默认行为：

```
grunt> SET pig.splitCombination FALSE;
```

当你执行上述命令后，它们会创建Elasticsearch索引并导入样例数据。在导入的文档中，我们会看到geoLocation的值是类似[-87.74274476, 41.87404405]的数组格式。这是因为默认情况下ES-Hadoop忽略了Tuple字段名称，简单地将其转换为一个有序数组。如果你想让geoLocation存储成形如lat/lon的键值对，你需要在EsStorage中修改如下配置：

es.mapping.pig.tuple.use.field.names=true

从JSON源写数据

如果你输入的数据是JSON格式的，那么你可以不进行任何转换直接让其导入Elasticsearch中。

你可以将JSON数据以chararray或者bytearray等格式存储在Pig中，然后将其导入Elasticsearch中。具体的命令如下：

```
grunt> JSON_DATA = LOAD '/ch07/crimes.json' USING PigStorage() AS
(json:chararray);


grunt> STORE JSON_DATA INTO 'esh_pig/crimes_json' USING org.
elasticsearch.hadoop.pig.EsStorage('es.input.json=true');
```

类型转换

现在让我们关注一下索引esh_pig的映射。我们会发现它将geoLocation对应到了double类型。这是因为Elasticsearch会根据在Pig中原有的类型将其自动推测为double类型。如果你想将geoLocation映射为geo_point类型，就需要你在进行数据导入之前在Elasticsearch中手动创建这个映射。

> 虽然Elasticsearch可以基于输入的文档进行数据类型的自动检测，但是事先在Elasticsearch中创建类型映射是一个不错的选择。你只需要创建一次类型映射，后续便可以执行多次MapReduce、Pig、Hive、Cascading或者Spark任务。这样做可以避免Elasticsearch内置的检测机制将数据映射为错误的类型带来的麻烦。

表7-1列出了Pig和Elasticsearch那些不太直观的类型的映射关系，以供参考。

表7-1

Pig类型	Elasticsearch类型
chararray	string
bytearray	binary
tuple	array（默认）或object
bag	array
map	object
bigdecimal	不支持
biginteger	不支持

从Elasticsearch中读取数据

使用Pig从Elasticsearch中读取数据只需要将Elasticsearch查询写在一个命令里面执行即可。

以下是用来查询犯罪类型为theft的相关信息的命令：

```
grunt> REGISTER hdfs://localhost:9000/lib/elasticsearch-hadoop-2.1.1.jar
grunt> ES = LOAD 'esh_pig/crimes' using org.elasticsearch.hadoop.pig.
EsStorage('{"query" : { "term" : { "primaryType" : "theft" } } }');
grunt> dump ES;
```

执行上述命令就会在Pig控制台上以tuple方式打印出相关信息。

7.2　与Hive集成

长久以来，Hive在Hadoop生态系统中都占有非常特殊的位置，因为它为Hadoop中的数据提供了SQL访问接口。Hive在数据仓库领域有广泛的应用，可以用来进行数据汇总和数据分析。

安装Apache Hive

下面我们以Apache Hive 1.2.1为例来安装Hive。

1. 使用以下命令下载Hive发行版：

```
$ sudo wget -O /usr/local/hive.tar.gz http://mirror.sdunix.com/
apache/hive/hive-1.2.1/apache-hive-1.2.1-bin.tar.gz
```

2. 解压下载的压缩包并进行重命名：

```
$ cd /usr/local
$ sudo tar -xvf hive.tar.gz
$ sudo mv apache-hive-1.2.1-bin hive
```

3. 在/home/eshadoop/.bashrc中添加相关的环境变量：

```
export HIVE_HOME=/usr/local/hive

export PATH=$PATH:$HIVE_HOME/bin

export CLASSPATH=$CLASSPATH:/usr/local/hive/lib/*:.

export HADOOP_USER_CLASSPATH_FIRST=true

export HIVE_AUX_JARS_PATH=/opt/lib/elasticsearch-hadoop-2.1.1.jar
```

4. 运行如下命令使环境变量生效：

```
$ source ~/.bashrc
```

5. 复制默认的环境变量配置脚本：

```
$ sudo cp $HIVE_HOME/conf/hive-env.sh.template $HIVE_HOME/conf/
hive-env.sh
```

6. 在环境变量配置脚本hive-env.sh中添加Hadoop的路径：

```
export HADOOP_HOME=/usr/local/hadoop
```

7. 使用如下命令可以进入Hive控制台：

```
$ hive
hive>
```

向Elasticsearch中导入数据

Hive将Elasticsearch中的索引作为其外部表。你可以通过INSERT语句将数据导入Elasticsearch中。

以下步骤演示如何使用Hive将示例导入Elasticsearch中。

1. 为CSV文件创建一张外部表：

```
hive> CREATE EXTERNAL TABLE source (id STRING,
            caseNumber STRING,
            eventDate DATE,
            block STRING,
            iucr STRING,
            primaryType STRING,
            description STRING,
            location STRING,
            arrest BOOLEAN,
            domestic BOOLEAN,
            lat DOUBLE,
            lon DOUBLE)
ROW FORMAT SERDE
'org.apache.hadoop.hive.serde2.OpenCSVSerde' STORED AS
TEXTFILE LOCATION '/ch07';
```

这个命令会使用OpenCSVSerde读取位于HDFS/ch07下的文件。

2. 为示例数据创建一张目标表，这张表为外部表，与Elasticsearch中的索引对应。在Hive中运行如下命令：

```
hive> CREATE EXTERNAL TABLE crimes (
            id STRING,
            caseNumber STRING,
            eventDate DATE,
            block STRING,
            iucr STRING,
            primaryType STRING,
            description STRING,
            location STRING,
            arrest BOOLEAN,
            domestic BOOLEAN,
geoLocation STRUCT<lat:DOUBLE, lon:DOUBLE>)
STORED BY 'org.elasticsearch.hadoop.hive.EsStorageHandler'
TBLPROPERTIES('es.resource' = 'esh_hive/crimes');
```

在上述命令中，我们创建了一个Hive的STRUCT，与Elasticsearch中的geoLocation对应。与Pig集成类似，我们可以在TBLPROPERTIES中指定为Hive

相关配置。

 Hive是大小写敏感的，而Elasticsearch不是。因此，如果要索引的数据是大写的或者大小写混合的，ES-Hadoop会将所有的字段名称转换为小写的。

3.　从source表中获取所有的数据插入crimes中：

```
INSERT OVERWRITE TABLE crimes
SELECT s.id, s.caseNumber, s.eventDate, s.block, s.iucr,
s.primaryType, s.description, s.location, s.arrest, s.domestic,
named_struct('lat', cast(s.lat AS DOUBLE), 'lon', cast(s.lon AS
DOUBLE))
FROM source s;
```

如果上述命令执行成功，那么数据将会导入索引esh_index中。打开索引仔细看一下就会发现，所有的字段名称转换为了小写的，比如productType转换为了producttype。这一步骤是由ES-Hadoop自动完成的。

 你可以使用es.mapping.XXX来对Hive和Elasticsearch中的字段进行匹配，其中包括对Elasticsearch中的id、ttl、timestamp、parent、version和routing等元数据字段进行匹配。

从JSON源写数据

如果数据源是JSON格式的，就可以使用es.input.json进行设置。另外，需要注意的是映射表只能包含一列，具体的命令如下：

```
grunt> CREATE EXTERNAL TABLE crimes_json (jsonData STRING)
STORED BY 'org.elasticsearch.hadoop.hive.EsStorageHandler'
TBLPROPERTIES('es.resource' = 'esh_hive/crimes',
         'es.input.json` = 'true');
```

类型转换

表7-2中列出的是Hive与Elasticsearch中一些不太常用的类型的对应关系。

表7-2

Hive类型	Elasticsearch类型
void	null
tinyint	byte
smallint	short
bigint	long
timestamp	date
struct	object
map	object
union	不支持
decimal	string
varchar	string
char	string

从Elasticsearch中读取数据

现在让我们来看一下如何通过Hive在Elasticsearch中获取类型为theft的相关文档。请按照以下步骤执行：

1. 使用以下命令创建一张外部表与Elasticsearch查询进行映射，命令如下：

```
hive> CREATE EXTERNAL TABLE theft_crimes (
    id STRING,
    caseNumber STRING,
    eventDate DATE,
    block STRING,
    iucr STRING,
    primaryType STRING,
    description STRING,
    location STRING,
    arrest BOOLEAN,
    domestic BOOLEAN,
    geoLocation   STRUCT<lat:DOUBLE, lon:DOUBLE>)
STORED BY 'org.elasticsearch.hadoop.hive.EsStorageHandler'
TBLPROPERTIES('es.resource' = 'esh_hive/crimes', 'es.query' =
'{"query" : { "term" : { "primarytype" : "theft" } } }');
```

2. 表创建完成之后，你就可以通过SQL从Elasticsearch中读取数据了。如下是按照

区域对数据进行汇总的SQL语句:

```
hive> SELECT location, count(*) as noOfCrimes FROM theft_crimes
group by location;
```

7.3　与Cascading集成

Cascading对MapReduce作业进行进一步抽象,大大降低了编写的复杂性。如果你的项目中已经使用了Cascading而且你正打算将其与Elasticsearch集成,就可能会对本节内容有兴趣。因此,本节内容不再介绍Cascading的基本知识。

ES-Hadoop提供了一个实现了SourceSink和SourceTap的单独EsTap来对Cascading和Elasticsearch进行集成。

向Elasticsearch中导入数据

下面让我们来完成通过Cascading将数据从HDFS导入Elasticsearch的过程。

编写一个Cascading作业

以下是main()方法中的代码片段,这段代码将会告诉你如何创建一个作业的驱动类:

```
Properties props = new Properties();
props.setProperty("es.mapping.id", "id");
FlowConnector flow = new HadoopFlowConnector(props);
```

ES-Hadoop在Properties对象中提供了所有的标准配置,然后Properties对象传入LocalFlowConnector或者HadoopFlowConnector类型的FlowConnector对象。在本示例中,我们创建的是HadoopFlowConnector类型的对象。

```
Fields inFields = new Fields("id", "caseNumber", "eventDate",
"block", "iucr", "primaryType", "description", "location",
"arrest", "domestic", "lat", "lon");
TextDelimited scheme = new TextDelimited(inFields, false, ",",
"\"");
Tap in = new Hfs(scheme, "/ch07/crimes_dataset.csv");
```

上述代码中，我们声明了字段与CSV中字段的对应关系。其中，TextDelimited声明了输入字符串的分隔方式，而且它也支持转义字符，请看如下代码：

```
String expression = "lat + \", \" + lon";
Fields location = new Fields( "geoLocation" );
ExpressionFunction locationFunction = new ExpressionFunction(
location, expression, String.class );
Pipe toEs = new Pipe("to-Es");
toEs = new Each(toEs, locationFunction,Fields.ALL);
```

我们创建了一个表达式来合并lat和lon字段。这个表达式定义了字段geoLocation的形式。然后，我们使用ExpressionFunction创建了一个名称为geoLocation的字段。这个ExpressionFunction会应用到管道中的每一个tuple上。

```
Fields outFields = new Fields("id", "caseNumber", "eventDate",
"block", "iucr", "primaryType", "description", "location",
"arrest", "domestic", "geoLocation");
Tap out = new EsTap("localhost",9200, "esh_cascading/crimes",
outFields);
    flow.connect(in, out, toEs).complete();
```

上述代码中，我们创建了一个指向目标索引的EsTap()，然后我们使用toEs管道对输入的数据和输出数据进行关联。

运行作业

现在我们就可以运行这个作业，完成从HDFS向Elasticsearch中导入数据了。但是在这之前还有一个问题，我们还没有讨论数据类型相关的问题。在本示例中，我们使用Elasticsearch数据类型的自动检测对输入数据的类型进行判断。因此，我们需要首先看一下样例数据：

```
10178221,HY366678,08/02/15 23:58,042XX W MADISON ST,1811,NARCOTICS,POSS:
CANNABIS 30GMS OR LESS,SIDEWALK,TRUE,FALSE,41.88076873,-87.73136165
```

在这里，我们需要关注eventDate字段。Elasticsearch将自动检测出日期类型，然后以yyyy-MM-dd'T'HH:mm:ss.SSSZZ格式进行匹配。为了让检测出的日期类型与我们提供的日期类型进行匹配，我们需要使用以下命令来创建映射：

```
$ curl -XPUT http://localhost:9200/esh_cascading
$ curl -XPUT http://localhost:9200/esh_cascading/crimes/_mapping -d '{
  "dynamic_date_formats" : ["MM/dd/yy HH:mm"]
}'
```

使用我们之前介绍的方法编译这个作业，然后就可以运行它了：

```
$ hadoop jar ch07-0.0.1-cascading-writer-job.jar
```

从Elasticsearch中读取数据

现在让我们来看一下如何使用Cascading从Elasticsearch中读取数据并进行进一步处理。

编写一个reader作业

以下是EsReader的main方法的代码片段：

```
Tap in = new EsTap("localhost",9200, "esh_cascading/crimes",
"{\"query\" : { \"term\" : { \"primaryType\" : \"theft\" } } }");
```

创建一个EsTap，与索引esh_cascading的crimes类型建立连接。在构造方法中，我们传入了一个DSL查询。这个查询将过滤出所有primaryType为theft的数据。

```
Tap out = new StdOutTap(new cascading.scheme.local.TextLine());
Properties props = new Properties();
props.setProperty("es.nodes","localhost");
FlowConnector flow = new LocalFlowConnector(props);
```

我们创建了一个StdOutTap，用来将结果数据打印到控制台上。这次我们使用的是LocalFlowConnector类型的FlowConnector。另外，我们在对象props上设置ES-Hadoop的相关参数，并将这个对象传给LocalFlowConnector。

```
Pipe fromEs = new Pipe("search-from-es");
flow.connect(in, out, fromEs).complete();
```

我们创建了一个fromEs管道，并在LocalFlowConnector中用其对输入和输出进行连接。

使用Lingual

大多数Cascading用户都会使用Cascading扩展的Lingual，因为它为Hadoop数据提供了ANSI SQL接口。ES-Hadoop也可以与Lingual进行连接。

你可以将Elasticsearch中的索引和类型注册为Lingual中的表。然后，你就可以使用Lingual的命令行来执行SQL语句了。

 在Hadoop生态系统中，你可能发现为了实现同一个效果有很多不同的工具。而事实上不同的工具在工具的使用者、性能和与标准的兼容性等方面还是不同的。比如，Pig主要用来进行数据流的开发，它屏蔽了MapReduce的复杂性，使用它可以进行快速开发。Hive、Lingual和SparkSQL则为Hadoop提供了SQL接口。其实除了这些，Impala、Apache Drill和Apache Phoenix也为Hadoop提供了SQL接口。其中，Hive可以将MapReduce作业转换成SQL查询，满足数据分析的需求。Lingual则侧重于与ANSI标准兼容，它也支持非Hadoop的数据存储。

这里我们提供了Lingual的安装步骤。

1. 运行以下命令执行安装脚本：
    ```
    $ curl http://files.cascading.org/lingual/1.2/lingual-client/
    install-lingual-client.sh | bash
    ```

2. 在~/.bashrc文件中导入环境变量：
    ```
    export LINGUAL_HOME=/home/eshadoop/.lingual-client
    export PATH=$PATH:$LINGUAL_HOME/bin
    ```

3. 让环境变量生效：
    ```
    $ source ~/.bashrc
    ```

4. 通过执行以下命令打开控制台：
    ```
    $ lingual shell
    ```

下面把Elasticsearch中的esh_cascading/crimes注册为Lingual中的表。

```
$ export LINGUAL_PLATFORM=hadoop
$ lingual catalog --init
$ lingual catalog --provider --add /opt/lib/elasticsearch-hadoop-
2.1.1.jar
```

首先，初始化Lingual，注册ES-Hadoop的JAR文件：

```
$ lingual catalog --schema esh --add
$ lingual catalog --schema esh --stereotype crimes --add --columns id,
caseNumber, eventDate, block, iucr, primaryType, description, location,
arrest, domestic, lat, lon -types string, string, string, string, string,
string, string, string, string, string, string, string, string
```

然后，创建schema和stereotype：

```
$ lingual catalog --schema esh --format es --add --provider es
$ lingual catalog --schema esh --protocol es --add --provider es
--properties=host=localhost
```

之后，设置es的格式和协议：

```
$ lingual catalog --schema esh --table crimes --stereotype crimes -add
esh_cascading/crimes --format es --provider es --protocol es
```

最后，创建表crimes与esh_cascading/crimes对应。

与Elasticsearch中对应的表创建完成之后，我们就可以在Lingual命令行中使用SQL进行查询了：

```
$ lingual shell
0: jdbc:lingual:hadoop> select * from "esh"."crimes";
```

7.4 与Spark集成

Spark以RDD的方式对Hadoop中的数据进行分布式运算，它提供了比Hadoop MapReduce更好的性能。同样地，ES-Hadoop可以对Elasticsearch中的数据创建RDD。通过这种方式，ES-Hadoop提供了Elasticsearch和Spark的集成。

Spark提供了对不同数据源集成的能力，这些数据源包括HDFS、Parquet、Avro、S3、Cassandra、关系型数据库和流式数据等。这也就意味着通过ES-Hadoop可以实现Elasticsearch与这些数据源的集成。

安装Spark

为了安装Apache Spark来执行作业，可以按照以下步骤进行操作。

1. 下载Spark发行版：

    ```
    $ sudo wget -O /usr/local/spark.tgz http://www.apache.org/dyn/
    closer.cgi/spark/spark-1.4.1/spark-1.4.1-bin-hadoop2.4.tgz
    ```

2. 解压压缩文件，修改名称：

    ```
    $ cd /user/local
    $ sudo tar -xvf spark.tgz
    $ sudo mv spark-1.4.1-bin-hadoop2.4 spark
    ```

向Elasticsearch中导入数据

为了将样例数据通过Spark导入Elasticsearch，我们需要编写一个Spark作业。为了保持编程语言的一致性，我们将继续使用Java来编写。以下为程序的入口：

```
SparkConf conf = new SparkConf().setAppName("esh-
spark").setMaster("local[4]");
    conf.set("es.index.auto.create", "true");
    JavaSparkContext context = new JavaSparkContext(conf);
```

其中，SparkConf是用来配置Spark作业的。在本示例中我们配置了es.index.auto.create参数。另外，本书中介绍的其他参数也是在这里进行配置的。然后我们使用SparkConf创建了一个JavaSparkContext对象。

```
JavaRDD<String> textFile =
context.textFile("hdfs://localhost:9000/ch07/crimes_dataset.csv");
```

上述代码将样例文件作为JavaRDD进行读取。这里，样例文件中的每行数据就是一个RDD。

```
JavaRDD<Crime> dataSplits = textFile.map(new Function<String,
Crime>() {
    @Override
    public Crime call(String line) throws Exception {
        CSVParser parser = CSVParser.parse(line, CSVFormat.RFC4180);
        Crime c = new Crime();
        CSVRecord record = parser.getRecords().get(0);
```

```
        c.setId(record.get(0));
        ..
        ..
        String lat = record.get(10);
        String lon = record.get(11);

        Map<String, Double> geoLocation = new HashMap<>();
        geoLocation.put("lat", StringUtils.isEmpty(lat)?
        null:Double.parseDouble(lat));
        geoLocation.put("lon",StringUtils.isEmpty(lon)?null:Double.
parseDouble(lon));
        c.setGeoLocation(geoLocation);
        return c;
    }
 });
```

在上述代码中，我们调用了JavaRDD的map()方法将每行数据映射为一个Crime对象。我们创建了一个叫作Crime的JavaBean类，实现了Serializable接口，然后将其与Elasticsearch中文档的结构进行映射。使用CSVParser，我们将每个字段解析到Crime对象中。在Crime对象中，我们将geoLocation映射为一个HashMap，它包含lat和lon两个字段。然后map()方法返回另外一个JavaRDD，这个JavaRDD包含了Crime对象。

`JavaEsSpark.saveToEs(dataSplits, "esh_spark/crimes");`

然后我们使用JavaEsSpark类将JavaRDD<Crime>保存到Elasticsearch中。

在ES-Hadoop与Pig、Hive、Cascading、Apache Storm和Spark的集成过程中，ES-Hadoop的配置和技术是通用的。其中包括使用动态多源写特性进行模式匹配（比如esh_spark/{primaryType}），以及直接将JSON写入Elasticsearch。

如果你需要控制Elasticsearch文档中元数据的写入，可以使用JavaEsSpark的saveToEsWithMeta()方法。你可以构造一个包含了Tuple2<Metadata, Object>（其中Meatadata包含了id、ttl、timestamp和version等键值对）的JavaRDD，然后将其传到上面的方法中。

使用SparkSQL向Elasticsearch中导入数据

ES-Hadoop也可以将Elasticsearch和SparkSQL进行集成。SparkSQL从1.3开始提供了

表示行集合的DataFrame。本书不会讨论DataFrame的具体技术细节。通过ES-Hadoop，你可以将DataFrame中的数据透明地持久化到Elasticsearch中。让我们来看一下代码是如何实现的：

```
SQLContext sqlContext = new SQLContext(context);
DataFrame df = sqlContext.createDataFrame(dataSplits,
Crime.class);
```

首先使用JavaSparkContext来实例化一个SQLContext实例。你可以通过将JavaRDD<T>和Class<T>（其中T为实现了序列化接口的JavaBean）传给SQLContext的createDataFrame()方法来创建一个DataFrame。这时DataFrame会参考传入的JavaBean的数据格式。如果你使用的不是基于JavaBean的RDD，就需要手动创建数据格式。本书的源代码中提供了这两种实现方式的源代码：

```
JavaEsSparkSQL.saveToEs(df, "esh_sparksql/crimes_reflection");
```

只要你构造除了DataFrame实例，就可以使用JavaEsSparkSQL类将其保存到Elasticsearch中。

 SparkSQL和ES-Hadoop提供API的代码都在快速迭代中。请参考SparkSQL和ES-Hadoop的官方文档来确认你所使用的API在对应的版本中是否支持。

从Elasticsearch中读取数据

以下代码是SparkEsReader的代码片段，用来读取primaryType为theft的样例数据：

```
JavaRDD<Map<String, Object>> esRDD = JavaEsSpark.esRDD(context,
"esh_spark/crimes", "{\"query\" : { \"term\" : { \"primaryType\" :
\"theft\" } } }").values();
for(Map<String,Object> item: esRDD.collect()){
     System.out.println(item);
   }
```

我们同样使用了JavaEsSpark类来创建与Elasticsearch查询匹配的RDD。

使用SparkSQL从Elasticsearch中读取数据

同样地，我们也可以使用SparkSQL从Elasticsearch中读取数据：

```
Map<String, String> options = new HashMap<>();
options.put("pushdown","true");
options.put("es.nodes","localhost");
DataFrame df = sqlContext.read()
.options(options)
.format("org.elasticsearch.spark.sql")
.load("esh_sparksql/crimes_reflection");
```

上述代码使用org.elasticsearch.spark.sql数据源从Elasticsearch中读取数据。为了将查询下推到Elasticsearch中执行，你可以将参数pushdown设置为true。由于查询被下推到数据所在的位置执行，因此查询效率将大大提升。

```
df.registerTempTable("crimes");
DataFrame theftCrimes = sqlContext.sql("SELECT * FROM crimes WHERE
primaryType='THEFT'");
for(Row row: theftCrimes.javaRDD().collect()){
  System.out.println(row);
}
```

我们在DataFrame中注册了表，之后就可以在SqlContext中执行SQL语句了。最后，我们需要对最终结果执行collect()才能将其打印出来。

7.5 与YARN集成

YARN是Hadoop 2.X版本中默认的资源管理器。可以使用YARN来管理Elasticsearch、ES-Hadoop连接器等外部应用资源。在ES-Hadoop的支持下，YARN可以管理CPU核心数、最大/最小内存使用量、本地或者分布式存储等Elasticsearch集群资源。

在编写本书时，ES-Hadoop对YARN的支持仍然不太成熟。下面我们来看一下ES-Hadoop是如何支持YARN的。

1. 使用以下命令来下载elasticsearch-yarn：

   ```
   $ wget -O /opt/lib/elasticsearh-yarn-2.1.1.jar http://central.
   maven.org/maven2/org/elasticsearch/elasticsearch-yarn/2.1.1/
   elasticsearch-yarn-2.1.1.jar
   ```

2. 使用如下命令下载Elasticsearch对应的版本：

```
$ hadoop jar elasticsearch-yarn-2.1.1.jar -download-es download.
local.dir=./downloads es.version=1.6.0
```

3. 如果需要修改Elasticsearch的默认配置或者想安装额外的插件，就重新生成Elasticsearch安装包。也就是说，你需要先解压上一步骤中下载的Elasticsearch安装包，解压之后编辑elasticsearch.yml来修改相关配置、安装需要安装的插件，然后重新生成压缩包。

4. 现在，将Elasticsearch的压缩包和Elasticsearch-yarn的JAR文件上传到HDFS上：

```
$ hadoop jar elasticsearch-yarn-2.1.1.jar -install-es hdfs.upload.
dir=/apps/elasticsearch
$ hadoop jar elasticsearch-yarn-2.1.1.jar -install
```

5. 使用如下命令在YARN上启动内存为1GB的两个Elasticsearch节点：

```
$ hadoop jar elasticsearch-yarn-2.1.1.jar -start containers=2
container.mem=1024
```

6. 使用如下命令检查Elasticsearch服务是否正常启动：

```
$ hadoop jar elasticsearch-yarn-2.1.1.jar -status
```

你也可以通过在浏览器中导航到http://hadoop:8088/cluster来确认集群状态。

7. 使用如下命令可以停止YARN管理的Elasticsearch集群：

```
$ hadoop jar elasticsearch-yarn-2.1.1.jar -stop
```

默认情况下，基于YARN管理的Elasticsearch容器的内存大小为2GB。如果主机内存过小，就可能会启动失败。如果遇到这种情况，你可以修改yarn-site.xml中的参数yarn.nodemanager.vmem-check-enabled来禁用虚拟内存限制，同时修改参数yarn.nodemanager.resource.memory-mb来修改新申请的容器占用的内存大小。

小结

在最后一章中，我们了解了Hadoop生态系统的不同技术。我们安装了Pig，并通过ES-Hadoop开发的脚本与Elasticsearch进行数据交互。我们也学习了如何将ES-Hadoop

与Hive集成，这样我们就能通过SQL的方式从Elasticsearch中读取数据，也可以通过SQL的方式向Elasticsearch中写入数据。随后，我们介绍了数据是如何通过Cascading管道与Elasticsearch进行数据读写操作的。我们还介绍了如何将ES-Hadoop与Spark和SparkSQL进行集成。

另外，我们花了不大的篇幅来介绍如何将Elasticsearch集群置于YARN的管理之下，这样将大大降低集群管理的成本。

通过本书，我们了解了如何将Elasticsearch与Hadoop生态系统的不同技术进行集成，从而可以与HDFS、Parquet、Avro、S3、RDBMS和流式数据等不同形式的数据进行交互。你可以构造一个实时系统来解决异常检测或者趋势分析等数据挖掘问题。通过Kibana对Elasticsearch中的数据进行可视化，我们获得了对大数据更好的洞察力。你可以运用学到的知识为数据仓库添加全文检索能力和数据发现能力。你也可以基于数据湖开发自己的数据发现工具，当然也可以使用Kibana这样的第三方工具。

附录

配置

与Elasticsearch类似，ES-Hadoop为大多数情况提供了合理的参数默认值。但是，你也可以为满足特定的需求进行相应的参数配置。对这些参数进行相应的配置，你可以更好地与MapReduce、Pig、Hive、Cascading、Spark或者Storm等Hadoop生态系统的技术进行集成。本部分将介绍各个参数的作用，以供参考。

为了方便查找，我们列出了http://elastic.co上的官方文档中提供的参数列表。

基本配置

下面列出一些基本配置的参数。

es.resource

默认值为none。

该参数用于指定外部程序与Elasticsearch交互时的资源和类型。它遵循的格式为<index>/<type>，比如es.resource=eshadoop/wordcount。

es.resource.read

默认值为es.resource的值。

该参数用于指定要从Elasticsearch中读取的资源和类型。当在同一个作业中读取某个索引和类型的同时写入另一个索引和类型时，你可以使用这个参数，比如es.resource.read=eshadoop/wordcount。

es.resource.write

默认值为es.resource的值。

该参数用于指定要写入Elasticsearch的资源和类型。当在同一个作业中读取某个索引和类型的同时写入另一个索引和类型时，你可以使用这个参数，比如es.resource.read=eshadoop/wordcount。

es.nodes

默认值为localhost。

该参数用于指定要连接到的Elasticsearch节点。默认情况下，你不需要在这个参数中列出所有的节点。ES-Hadoop可以自动发现Elasticsearch集群中的其他节点。为了避免某些Elasticsearch节点宕机导致ES-Hadoop无法连接到集群的情况，你需要在这个参数中多配置几个节点，比如es.nodes=localhost或者es.nodes=localhost:9200。

es.port

默认值为9200。

该参数只在es.nodes参数中不包含端口号时起作用，比如es.port=9200。

读写配置

下面列出和Elasticsearch查询或者向Elasticsearch写入时的相关参数。

es.query

默认值为none。这表示在Elasticsearch索引和类型下的所有数据都会被返回。当你从Elasticsearch中读取数据时，可以使用如下三种格式：

● uri：以参数的形式指定查询条件，比如q=category:InformationTechnology。

● query dsl：可以以这种方式来指定任何Elasticsearch查询。例如：

```
{
    "query":
    {
        "match":["InformationTechnology"]
    }
}
```

● external resource：用这种方式来指定一个包含了uri或者query dsl方式的文件，比如/path/to/query.json。

es.input.json

默认值为false。

该参数用于指定输入是否为JSON格式。如果是JSON格式，应该类似如下格式：

```
[
  {
    "id": 10178221,
    "caseNumber": "HY366678",
    "eventDate": "08/02/15 23:58",
    "block": "042XX W MADISON ST",
    "iucr": 1811,
    "primaryType": "NARCOTICS",
    "description": "POSS: CANNABIS 30GMS OR LESS",
    "location": "SIDEWALK",
    "arrest": "TRUE",
    "domestic": "FALSE",
    "lat": 41.88076873,
    "lon": -87.73136165
  },
  {
    ..
    ..
  }
]
```

es.write.operation

默认值为index。

该参数用于控制在Elasticsearch索引中存在/不存在某个文档的ID时的写入行为。它可以设置为以下4个值。

- index：该值表示写入一个新的文档或者更新一个旧的文档。

- create：该值表示当向Elasticsearch写入一个新的文档时，索引中原来已经存在了相同ID的文档，Elasticsearch将会抛出异常。

- update：该值表示如果你试图更新一个Elasticsearch不存在相应ID的文档时，Elasticsearch将会抛出异常。

- upsert：该值表示写入一个新的文档之前，相同ID的文档如果已经存在就将新文档和旧文档合并。

如果你将该参数设置为update或者upsert，就需要对以下参数进行配置。

es.update.script

默认值为none。

该参数用于更新文档时使用的脚本。

es.update.script.lang

默认值为none。

该参数用于指定脚本语言。

es.update.script.params

默认值为none。

该参数用于指定脚本参数的格式，这个格式可以是paramName:fieldname或者paramName:<CONSTANT>。如果需要指定多个参数，就需要使用逗号分隔。

es.update.script.params.json

默认值为none。

如果所有的参数都是常量，则可以以JSON格式指定。比如：

```
{
  "param1":1,
  "param2":2
}
```

es.batch.size.bytes

默认值为1mb。

该参数表示在使用Elasticsearch　bulk　API时指定单次批处理写入的字节数。ES–Hadoop会为每个任务实例分配一个批处理任务。也就是说，如果你使用1mb的批处理大小运行5个任务，那么同时将有5mb的数据写入Elasticsearch。

es.batch.size.entries

默认值为1000。

该参数表示在使用Elasticsearch　bulk　API时指定单次批处理写入的文档个数。当该参数与es.batch.size.bytes联合使用时，两个参数中的任何一个达到阈值都会触发批处理操作。另外，这个参数与es.batch.size.bytes类似，也是每个任务实例对应一个批处理任务。

es.batch.write.refresh

默认值为true。

此时，该参数表示在批处理写完成时进行刷新操作。如果你在进行数据分析时对新插入的数据的实时性有要求，可以设置该参数。

es.batch.write.retry.count

默认值为3。

该参数表示对于给定的一个批处理操作的重试次数。在重试时只会对拒绝写入的数据进行重试操作。如果将其设置为负数，就表示可以进行无限次的重试操作。

es.batch.write.retry.wait

默认值为10s。

该参数表示两次批处理写操作的重试时间间隔。

es.ser.reader.value.class

默认情况下依赖于是否使用了MapReduce、Cascading、Hive、Pig、Spark或者Storm。该参数用于指定将JSON转换为对象的ValueReader的名称。

es.ser.writer.value.class

默认情况下依赖于是否使用了MapReduce、Cascading、Hive、Pig、Spark或者Storm。该参数用于指定将对象转换为JSON的ValueWriter的名称。

es.update.retry.on.conflict

默认值为0。

在并发环境中，该参数用于指定检测到冲突时重试的次数。

映射配置

本部分中的大部分配置都用于将Elasticsearch文档中的元数据字段与输入的数据进行映射。

es.mapping.id

默认值为none。

如果输入的文档中包含了参数中指定的字段，ES-Hadoop会将其映射为Elasticsearch文档中相应的元数据字段，比如es.mapping.id=id表示输入文档中的id字段将映射为Elasticsearch中文档的_id字段。

es.mapping.parent

默认值为none。

将输入文档的字段映射到Elasticsearch中的_parent字段。如果将其指定为常量，就需要使用<CONSTANT>的形式，比如es.mapping.parent=item.id或者es.mapping.parent=<1>。

es.mapping.version

默认值为none。

该参数用于将输入文档的相应字段映射为_version。如果将其指定为常量，就需要使用<CONSTANT>的形式，比如es.mapping.version=version或者es.mapping.version=<1>。

es.mapping.version.type

默认值为none。

如果没有指定es.mapping.version参数，那么该参数应该设置为none，否则应该指定为internal、external、external_gt、external_gte或者force。

es.mapping.routing

默认值为none。

该参数将输入文档中指定的字段映射为Elasticsearch中的_routing字段。如果将其指定为常量，则需要使用<CONSTANT>的形式。

es.mapping.ttl

默认值为none。

该参数将输入文档中指定的字段映射为Elasticsearch中的_ttl字段。如果将其指定为常量，则需要使用<CONSTANT>的形式。

es.mapping.timestamp

默认值为none。

该参数将输入文档中指定的字段映射为Elasticsearch中的_timestamp字段。如果将其指定为常量，则需要使用<CONSTANT>的形式。

es.mapping.date.rich

默认值为true。

该参数用于指定返回Date类型还是string或者long类型。

es.mapping.include

默认值为none。

默认值的意思是所有的字段都应该包含在内。如果将该参数指定为逗号分隔的字段名，则表示只有指定的字段可以写入Elasticsearch或者从Elasticsearch中读取。

es.mapping.exclude

默认值为none。

默认值的意思是没有字段应该被排除在外。如果将该参数指定为逗号分隔的字段名，则表示将指定的字段排除在外后的其他字段可以写入Elasticsearch或者从Elasticsearch中读取。

索引配置

以下参数为索引相关的配置参数。

es.index.auto.create

默认值为yes。

设置为no表示如果之前Elasticsearch中不存在该索引，作业将会失败。

es.index.read.missing.as.empty

默认值为no。

该默认值表示如果索引不存在将抛出异常。设置为yes则表示如果索引不存在就返回一个空数据集。

es.field.read.empty.as.null

默认值为yes。

该参数决定ES-Hadoop是否将空字段作为NULL对待。

es.field.read.validate.presence

默认值为warn。

该参数表示当出现字段丢失时ES-Hadoop的行为。该参数有如下三个值。

- ignore：该值表示不进行任何校验。

- warn：该值表示会将警告信息记录在日志中。

- strict：该值表示会抛出一个异常。

网络配置

以下参数为网络配置相关参数。

es.nodes.discovery

默认值为true。

该参数指定是否对集群中的其他节点进行寻找，还是只使用es.nodes中的节点。

es.nodes.client.only

默认值为false。

不推荐将其设置为true，此时表示ES-Hadoop会将所有的请求重定向到集群中的客户端节点。

es.http.timeout

默认值为1m。

该参数用于指定Elasticsearch HTTP连接的超时时间。

es.http.retries

默认值为3。

该参数用于指定当HTTP请求失败时重试的次数，作用范围为es.nodes中配置的节点或者通过es.nodes发现的节点。

es.scroll.keepalive

默认值为10m。

该参数用于指定滚动查询的超时时间。

es.scroll.size

默认值为50。

该参数用于指定每次滚动返回的文档个数。

es.action.heart.beat.lead

默认值为15s。

ES-Hadoop确认Hadoop的作业正在正常运行的超时时间，超过该时间后如果检测不到作业就会重启这个任务。

认证配置

以下参数为认证相关的配置参数。

es.net.http.auth.user

该参数指定基本认证用户名称。

es.net.http.auth.pass

该参数指定基本认证密码。

SSL配置

以下参数为SSL配置相关参数。

es.net.ssl

默认值为false，表示启用SSL。

es.net.ssl.keystore.location

该参数用于指定key store的URL位置或者classpath。

es.net.ssl.keystore.pass

该参数用于设置key store的密码。

es.net.ssl.keystore.type

该参数用于设置key store的类型，默认值为JKS。

es.net.ssl.truststore.location

该参数用于指定trust store的URL地址或者classpath。

es.net.ssl.truststore.pass

该参数用于设置trust store的密码。

es.net.ssl.cert.allow.self.signed

默认值为false。

该参数用于指定是否可以使用自签名的证书。

es.net.ssl.protocol

默认值为TLS。

该参数用于指定使用的SSL协议。

es.scroll.size

默认值为50。

该参数用于指定一次性读入的记录数。

代理配置

以下参数为代理相关配置参数。

es.net.proxy.http.host

该参数为HTTP代理主机名称。

es.net.proxy.http.port

该参数为HTTP代理主机端口。

es.net.proxy.http.user

该参数为HTTP代理用户名称。

es.net.proxy.http.pass

该参数为HTTP代理密码。

es.net.proxy.http.use.system.props

默认值为yes。

该参数用于确定是否使用http.proxyHost和http.proxyPort这样的HTTP代理参数。

es.net.proxy.socks.host

该参数为HTTP代理主机名称。

es.net.proxy.socks.port

该参数为HTTP代理主机端口。

es.net.proxy.socks.user

该参数为HTTP代理用户名称。

es.net.proxy.socks.pass

该参数为HTTP代理密码。

es.net.proxy.socks.use.system.props

默认值为yes。

该参数用于确定是否使用http.socksProxyHost和http.socksProxyPort这样的HTTP代理参数。